Books Bear
布克熊童书

会 讲 故 事 的 童 书

历史少年

我在唐朝当歌手

明小叔 著

光明日报出版社

图书在版编目（CIP）数据

我在唐朝当歌手 / 明小叔著. -- 北京：光明日报出版社, 2024.3
（历史少年）
ISBN 978-7-5194-7723-3

Ⅰ.①我… Ⅱ.①明… Ⅲ.①风俗习惯史—中国—唐代—少年读物 Ⅳ.① K892-49

中国国家版本馆 CIP 数据核字 (2024) 第 032042 号

梗概

　　子六和子满穿越到了唐朝的开元盛世，成为乐圣李龟年和舞圣公孙大娘的弟子。他们在梨园教坊工作，为皇室各项重大活动提供服务。每逢一年一度的千秋节，唐玄宗都要举行盛大的斗鸡盛会，在斗鸡盛会上，他们认识了因为斗鸡打架的李白，从此与他成为莫逆之交。他们帮助李白博取了唐玄宗的赏识，成为翰林待诏，但李白最终并没有得到重用，反而因为狂傲被赐金放还。他们亲手制作羯鼓鼓槌献给唐玄宗和李龟年。子六陪李白游历幽燕，发现了安禄山的反意。李龟年为了让唐玄宗提防安禄山，联合当时的梨园名伶上演俳优戏谏，结果唐玄宗大怒，把李龟年贬谪到了江南。安史之乱爆发后，唐玄宗向成都逃跑，在马嵬坡缢死了杨贵妃。在战火中，子六和李白也流落到了江南，寓居庐山，子满和公孙大娘劫后余生，到庐山与大家重聚。永王来信，征召李白入幕，大家都反对，李白却执意前往，结果永王兵败，李白遭到流放。途中遇赦，于三年后去世。唐玄宗则在深宫隔绝中寂寞长逝。消息传到江南，李龟年悲痛难抑，也吐血而死。子六和子满为了了却李龟年的遗愿，流落到三彩陶瓷作坊，学习制作唐三彩骆驼载乐俑。工作之余，他们坐在阳光下，跟人聊起开元旧事……

目录

第 ① 章 选入教坊 001

第 ② 章 长安斗鸡 016

第 ③ 章 岐王宅里 032

第 ⑧ 章 赐金放还 107

第 ⑨ 章 征雁频飞 122

第 ⑩ 章 俳优戏弄 136

第 ⑪ 章 渔阳鼙鼓 154

第④章 荔枝香飘 048

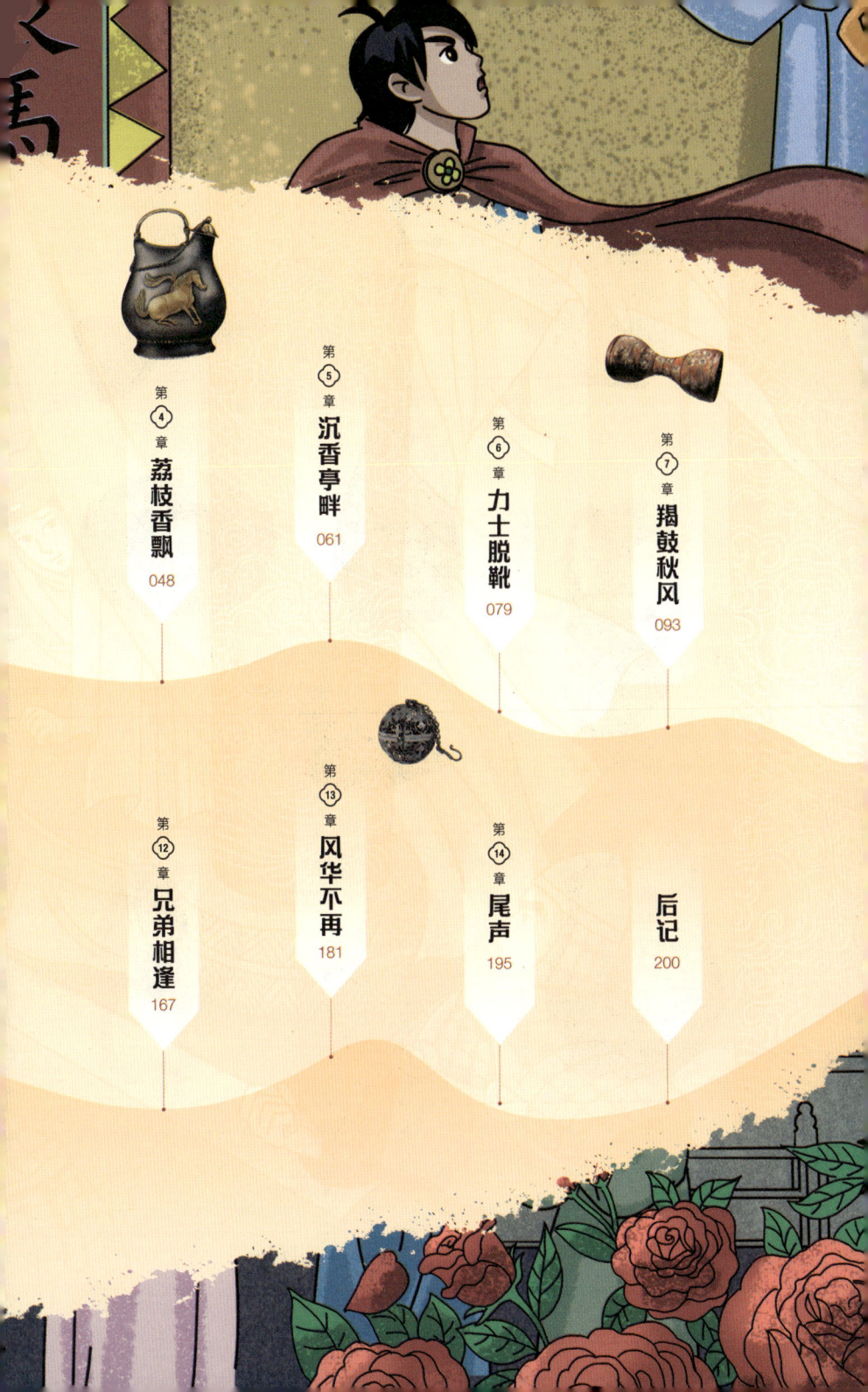

第⑤章 沉香亭畔 061

第⑥章 力士脱靴 079

第⑦章 羯鼓秋风 093

第⑫章 兄弟相逢 167

第⑬章 风华不再 181

第⑭章 尾声 195

后记 200

博物索引

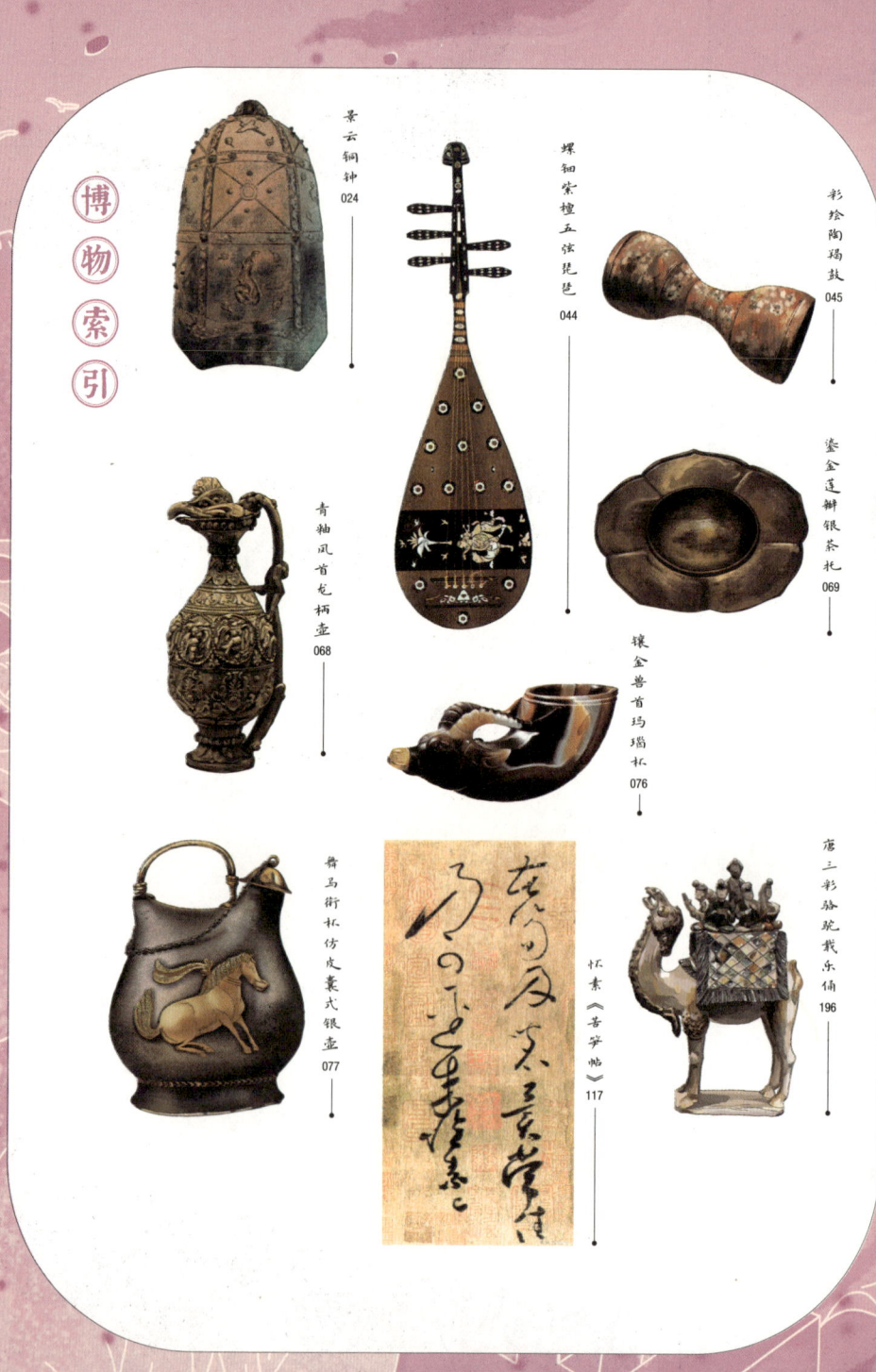

景云铜钟 024

螺钿紫檀五弦琵琶 044

彩绘陶羯鼓 045

青釉凤首龙柄壶 068

鎏金莲瓣银茶托 069

镶金兽首玛瑙杯 076

舞马衔杯仿皮囊式银壶 077

怀素《苦笋帖》 117

唐三彩骆驼载乐俑 196

第 1 章

选入教坊

① 1

我在一片嘈杂声中醒来，看见周围挤满了人。我踢了一下尚在睡梦中的子满。他醒来后揉了揉眼睛，左顾右盼，也是一脸疑惑。

子满道："老哥，咱们不是在万马冢给战马守陵吗？怎么一转眼就到了这么繁华的地方？"

我也满腹狐疑，道："老弟，咱哥俩恐怕又穿越了。"

"我的那些可怜的战马啊！呜呜呜……"

"先别哭,你看这里的人都十分高兴,你却哭丧起来,简直是大煞风景!"

"我不管,我可怜那些为了驱逐匈奴而流血牺牲的战马!你也是养马人,难道没有悲伤之情吗?"

"我能不伤心吗?我记得和你一起给马守陵时咱们在万马冢的小毡庐里睡着了啊,耳畔万马齐喑,怎么一睁眼就人声鼎沸了呢?咱们这是穿越到什么朝代了?"

"我不管,我就是思念幽影、龙友、紫电、青霜、白箭这些神骏,我可舍不得它们!"

"你小子能不能别提这些宝马的名字,尤其是白箭,那可是我的坐骑……呜呜呜呜……"我一听到白箭的名字,心里无限酸楚,也忍不住号啕大哭起来。

我们哥俩抱头痛哭,感叹我们辛辛苦苦所养的战马在漠北一战皆战死,成为荒冢里的一堆白骨,与我们永远分离了!

正哭得止不住时,有两个官差模样的人走过来,呵斥我们道:"你们两个兔崽子!哭什么!这里可是大唐教坊海选的现场,你们要是破坏了气氛,脑袋还要不要了!"

我赔着笑,问道:"军爷,麻烦你告诉我们现在的年号是什么,我刚才哭得急,头有些晕,竟然记不得年号了,真是该死,该死!"

那官差眼睛一瞪,咧嘴道:"你真真该死!如今可是大唐天宝元年,天子刚刚改元,你怎么敢如此大胆就给忘了!"

我心中思忖——敢情是穿越到大唐天宝年间来了,我可知道,天宝是唐玄宗李隆基的第二个年号。他的第一个年号,大家一定不陌生,那就是开元。开元盛世是中国历史上少有的几个盛世之一,文治武功都相当了得,但是好景不长,进入天宝年间,盛世开始转衰,一场安史之乱不仅终结了开元鼎盛的局面,还使唐朝的国势急转直下,几乎沦为乱世。

子满眨着眼睛,问道:"什么海选?在我上学的那个年代海选倒是有不少,什么快男超女的,怎么在大唐朝也有海选?"

官差愣了一下,说道:"我不知道你在胡说什么。我看你年纪也不算小了,怎么也有十来岁了吧,四书五经总读过几篇吧?怎么说胡话?听我来告诉你,如今正是开元盛世,明皇天子设立教坊,要从普天下的才男俊女中遴选出佼佼者,进入教坊,排演盛世雅音。你们两个小鬼不知好歹,胆敢在这样的场合哭天抢地,简直是找死!"

子满还想与官差争辩，被我拉住。我赔着笑，对那个官差道："这位官爷，你且息怒。不瞒你说，我们也是来参加海选的，刚才在排练节目，其中有哭冢一节，着实是感天动地，因此我兄弟两个才难抑悲伤，痛哭流涕。"

官差乜斜着眼，望了望我们脸上的泪痕，道："但愿你所说是真的，要不然真真是脸肿了、头掉了，那真没处去哭了！"

官差走后，有一个相貌堂堂、十分清秀的人走过来，和颜悦色地问："这位小兄弟，方才看见你们排练节目，十分动容，不知道所演为何？"

我原本想胡诌几句，应付应付官差得了，没想到这位老兄倒当真了。看这人的言行举止绝非寻常人士，我不敢怠慢，但也不敢说刚才是在扯谎，只得硬着头皮说："我跟兄弟排演的那是一出戏，名叫《哀马记》，讲的是大汉冠军侯霍去病领兵征伐匈奴，立下赫赫战功的故事。"

那人非常动容，问道："这是风光壮烈的事，怎么叫《哀马记》呢？"

我叹了口气，道："你哪里知道，一将功成万骨枯。那漠北一战，战马出关十四万匹，一场仗打下来，入关不足三万匹。战马损失严重，我们兄弟感叹战马死后无人纪念，故此编演了这出《哀马记》，以让后世之人铭记战马的功劳。"

那人赞道："妙！妙！实不相瞒，我乃大唐教坊的首席乐师李龟年，如今正在遴选才俊加入我的乐团，可惜这海选现场虽有不下数万之众，竟然没一人能入我的法眼。你们兄弟刚才所演的《哀马记》倒十分动我心怀。可否排演出来，让我观赏一番，到时候自然有你们的锦绣前程！"

子满一翻白眼，刚要说"你可别信我老哥的鬼话"之类的话，我赶紧抢在他前头，道："久闻乐师大名，如雷贯耳，今日得见，真是三生有幸！承蒙厚爱，我兄弟自当精心准备，择日为你呈上这出哀怨动人的《哀马记》。"

李龟年很高兴，道："如此甚好！甚好！"

2

与李龟年道别后，子满埋怨道："老哥，你可真能扯，

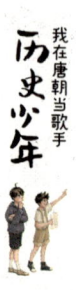

还'久闻乐师大名',好像你早就认识他似的,况且看他模样是个有权有势的人,得罪了他,咱们人生地不熟的,岂有好果子吃!"

我笑道:"你知道什么,你年级低,恐怕还没学过,我倒是学过一首诗,其中有一句叫'岐王宅里寻常见,崔九堂前几度闻',这可是杜甫写给李龟年的,连诗圣都这么赞誉他,他难道不是大名鼎鼎吗?"

子满做了个鬼脸,道:"算你蒙对了,那演戏怎么办?咱们养马还行,演戏的话,玩笑开大了吧!"

我摇了摇头,道:"你呀你呀,怎么榆木脑袋不开窍呢。如今我们已然穿越到了唐朝,而且还十分幸运,赶上了大唐盛世,天子唐玄宗统治下的开元盛世称得上是中国历朝历代的顶峰之一。在这盛世下,教坊林立,梨园盛行,音乐百工大放异彩。这位李龟年乃是其中翘楚,能够看中咱们哥俩,可是咱们的造化!"

子满听了点点头,吟道:"昨夜伴马骨,今日演乐府!"

"机会难得,我们要牢牢抓住,要不然想玩转唐朝可就是痴人说梦了。"我忽然想起我在小学欢度六一儿童节时排演小型戏剧的往事来,便道:"演戏或许还不是难事,我们以亲身经历为蓝本,加以改造升华,不就是一出很好的戏剧吗？"

"好是好，只是我们只有故事，没有乐器、乐舞等配合，恐怕难登大雅之堂。"

"好故事就是好戏剧的首要前提。我们可以贫穷为由，就说无力筹集资金配备乐器乐舞等，只能依靠你我二人之力把戏排演罢了。不过，也不可敷衍，我们要精心设计情节，表演上要声情并茂，以情感人。我们的目的不只是演一出好戏，而是让李龟年看出我们的潜质和认真，然后接收我们进入他的乐队，那样我们就有好日子过了。"

幸好我们身上还有几块汉武帝赏赐的碎金子，随便在长安城一家寺院里租赁了一间房，用作安身和排演之所。

大概月余的时光，我们觉得排演得差不多了，就雇人拿着我们的名帖——我们也是按照唐朝的风俗办事，到李龟年府上去投刺，约定试演日期。很快李府就传出话来，让我们三天后进府表演。

演出之日，李府大门洞开，李龟年亲自在门口迎接。见我们兄弟俩到了，亲切地左挽右挎，把我们迎到府内。我们边走边看，好家伙，舞台已经搭好了，布景装饰全是簇新的，幕布的正中央还悬挂着一幅字："哀马记"。看来，李龟年为了这出戏可没少用心。

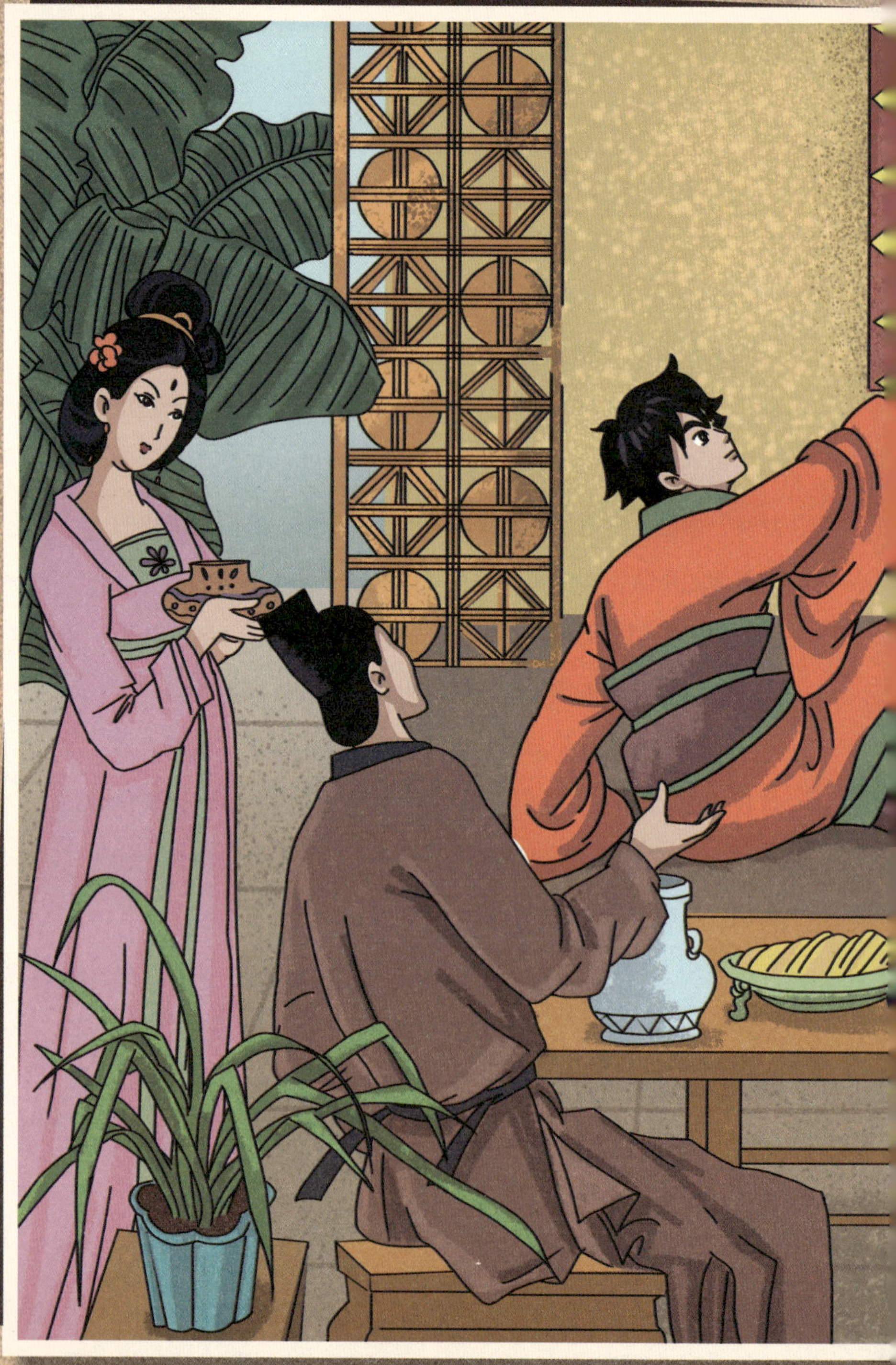

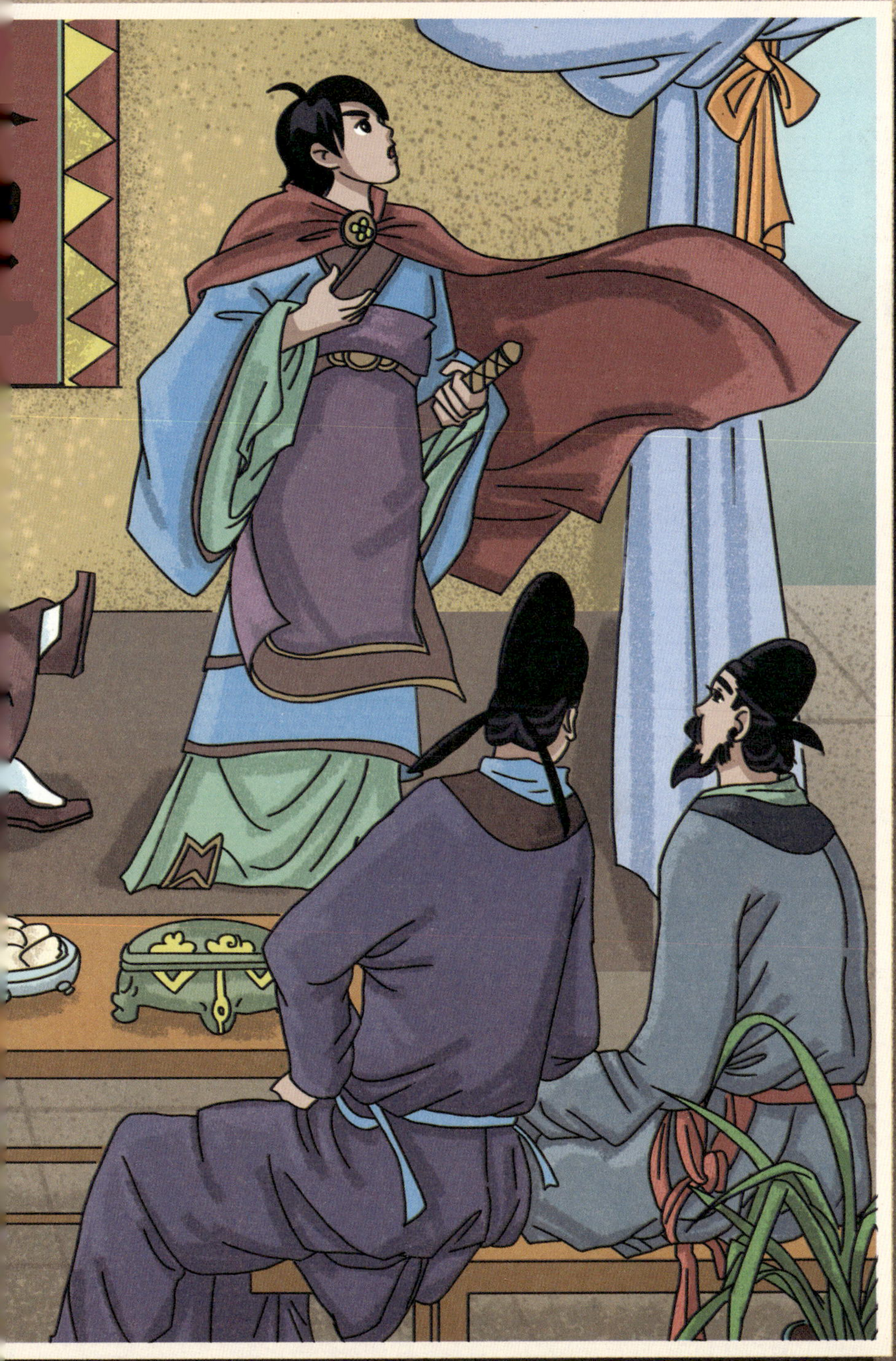

李龟年亲自引着我们参观了一番，问我俩："子六家族中排行第几？子满呢？"

我知道，根据唐朝的风俗，按人在家族中的大排行称为多少郎是最亲密的称呼。比如说当今天子唐玄宗就是李三郎，李白称李十二，杜甫称杜二，王维称王十三，孟浩然称孟六，韩愈称韩十八，白居易称白二十二，元稹称元九，李商隐称李十六，杜牧称杜十三等。李龟年这么问，也是想拉近与我们之间的距离。我赶紧说："鄙姓郑，排行在六，舍弟在九。"

李龟年笑道："六郎、九郎俱在年少就能排演戏剧，真是才俊出少年！"

"岂敢，岂敢！我们弟兄囊中羞涩，无力置办乐器乐舞，只能依靠我们自身之力渲染剧情，还望乐圣不要嫌弃！"李龟年号称"乐圣"也是我从书本上获得的知识。

"不要称呼我乐圣，如不嫌弃，呼我大郎即可。"

"是，大郎！"我跟子满恭恭敬敬地叫了一声，可总觉得有些不妥。不过，入乡随俗，客随主便，我们也只好听之任之。

饮了一会儿茶，李龟年就说："吉时已到，请六郎、九郎登台献艺吧！"

说罢,高高的舞台背后就响起乐声来,丝竹袅袅,琵琶声催。我跟子满到后台装扮好了,忐忑地登台。这时候台下已经围拢了许多人,既有李府的家院仆从,也有外地到此谋生者。

3

《哀马记》共分六出:

第一出:天降幽影。说的是神马幽影出世,成为大汉第一匹千里战马,后作为卫青大将军的坐骑出征漠北,屡建奇功。

第二出:降服紫电。说的是紫电出世被子满降服,后成为冠军侯霍去病的坐骑,驰骋疆场,立下汗马功劳。

第三出:龙友入梦。说的是汉武帝夜梦天马,天马便是这龙友。龙友夜会名马夜王,生下青霜、白箭两匹神骏。

第四出:汗马西来。说的是贰师将军李广利大破大宛国,汗血宝马因此入汉,改良了汉马品种,使得汉马能够跟匈奴马并驾齐驱。

第五出:五马齐奔。说的是幽影、紫电、龙友、青霜、白箭五匹神骏参加反击匈奴的战争,在漠北决战中,将匈奴一举歼灭。

第六出：万马孤冢。说的是漠北战争结束后，战马死伤太多，无法收葬。兄弟二人矢志葬马，筑成万马冢，终日在那里凭吊守候。

由于没有音乐、舞蹈的配合，全本都是我跟子满通过动作、表情等细节表演下来。我们分别饰演将军和马匹，尤其是子满演起骏马来，活灵活现，简直是紫电重生。台词是我写的，把汉匈战争的惨烈和持久描绘得动人心魄，让在场之人仿佛置身于疆场之上，到处都是死尸和哀鸣。

六出戏演下来，台下观众已经是潸然泪下了。就连见多识广的李龟年都声泪俱下，泣不成声。

"六郎，我当乐师这么久，还从来没见识过这种阵仗。"李龟年拉住我的胳膊，热切地说，"这出戏简直太好了，表演上无可挑剔，情节上可圈可点，要是再配以笙歌乐舞，放眼当今天下，也没有能出其右者。"

"您谬赞了！"我表示了应有的谦虚。

"绝没有！你在长安城里打听打听，我李龟年可曾赞过别人？你的这出戏实在是太引人入胜了，要不是有过切身的经历，如何演得出来呢？可是你们小小年纪，还没有我的儿子大，怎么会有如此生动深刻的体会，并能够如此真实动人地再现当时的情景呢？真是匪夷所思，匪夷所思！"

我心里好笑，他哪里知道，《哀马记》中的事件都是我跟子满亲身经历的，我们有切身的体会和感受，这出戏不过流露了十之二三，假以时日，相信效果会更好。可是，这些话我可不能跟李龟年说，说出来，这些美好就没有了，他会认为我们哥俩吹牛，华而不实。

"六郎，九郎，实不相瞒，天子新设教坊，要挑选天下才俊入梨园，演盛世雅音。我也想趁机收几个徒弟，希望将来能够继承我衣钵。我今欲收二位为徒，不知二位意下如何？"

我赶紧拉着子满跪下，磕头道："师父在上，请受弟子子六、子满一拜！"

在场之人无不叫好，纷纷道："得此高徒，真是上天作美！"

李龟年十分高兴,刚要扶我们起来,就听旁边有一女子说道:"好个李大郎,好事都是一家的,岂不让人羡煞!"

众人循声望去,只见一个如花似玉的女子,袅袅婷婷站到人群前面,指着李龟年说话。

李龟年哈哈大笑道:"怎么,公孙大娘要夺人之美吗?"

众人无不惊诧,原来这位女子就是大名鼎鼎的大唐第一舞师——公孙大娘,她最善舞剑,长安城内无人匹敌,号称"舞圣"。要是有幸能见到李龟年唱歌、公孙大娘舞剑,真不知是修了多少世的福分。今天,二圣俱在,在场之人算是大开眼界。

公孙大娘上下打量我跟子满,然后跟李龟年说:"好事不可独占,总要让一份给他人,日后也好见面说话。我看这位六郎子六,歌喉婉转,表情到位,很适合跟你学唱;这位九郎子满,身材、步伐都是一流,是天生学习舞蹈的材料,不如大郎割爱让与我。我若是收下这个徒儿,可忘不了你的大德!"

李龟年笑道:"大娘,你这是公然跟我抢徒弟来了?罢了,即便我同意,人家九郎也未必同意,还需问问人家当事人的意见,你我可不要莽撞行事。"

没等问呢,子满微笑道:"我自小便不喜歌唱,愿意跟从这位大娘学舞！"

我赶紧止住子满道："胡说些什么？你把眼睛瞪大了，看看人家可是大娘？人家不过是排行老大的姑娘，难道还真是老大娘不成？"

子满抬头仔细望去，她果然是国色天香的绝色女子，绝不是老大娘，虽然感到脸上发着烧，心里却十分愿意，跪在那里不肯言语。

公孙大娘也笑了，道："罢了，就这么定了，六郎归你，九郎归我。咱们尽心传授，将来为咱们传承技艺的恐怕就是这二位了。"

在场之人无不热烈鼓掌，恭祝乐圣、舞圣喜获高徒。

我跟子满也非常高兴，能够为盛世华章添砖加瓦，也是人生美事。

第 2 章
长安斗鸡

①

且说到了八月初五,乃是唐玄宗的寿诞之日,天下称之为千秋节。

在这一天,除了教坊梨园要举行大规模的演出外,还有一项著名的娱乐活动,就是斗鸡。

斗鸡这项娱乐活动,历史相当悠久。为什么要斗鸡?因为雄鸡好斗,自古皆然。古人认为鸡有五德:文、武、勇、仁、信,"头戴冠者,文也;足傅距者,武也;敌在前敢斗者,勇也;见食相呼,仁也；守夜不失时，信也"。于是，具备武、勇的鸡，成为世人相捉以斗的紧俏品。

早在夏朝少康年间，就有斗鸡的传闻，虽无考古支持，但据传规模已相当大。

在春秋时期斗鸡流行，齐桓公讨伐宋国取得胜利，就筑高台斗鸡以庆贺，这是有明文记载的最早的斗鸡记录了。

到了战国，斗鸡大为风行。《庄子》中有"呆若木鸡"的寓言，就是形容斗鸡的最高境界——鸡要像木鸡一样，上场之后一心争斗，心无旁骛。

到了汉代，汉高祖刘邦的父亲在成为太上皇住进长安后，郁郁寡欢，十分想念以前斗鸡的游戏。刘邦就只好把老爹之前的旧友请来，让他们陪他老爹一起斗鸡。郑州出土的一块汉砖上的画像显示，有两只雄鸡在交颈相斗，正斗得难解难分之际，两边各有一戴高冠、着长服的人，正在指挥各自的雄鸡向对方进攻。

东汉建安年间，曹植写过一首《斗鸡诗》，描写了宴会中主人和宾客厌倦了歌舞表演，提议进行一场斗鸡比赛。

游目极妙伎，清听厌宫商。
主人寂无为，众宾进乐方。

长筵坐戏客，斗鸡观闲房。
群雄正翕赫，双翅自飞扬。
挥羽激清风，悍目发朱光。
觜落轻毛散，严距往往伤。
长鸣入青云，扇翼独翱翔。
愿蒙狸膏助，常得擅此场。

  这首诗不但描写了东汉末年的斗鸡之盛，还透露出一个有助于斗鸡者取胜的法子，即狸膏。据说鸡最怕狐狸，于是用狐狸的油脂制成膏，涂抹在鸡头上，对方的鸡闻到狸膏气味后就会怯战。

  其实除了狸膏，有助于斗鸡取胜的法子还有芥羽和金距。

  芥羽就是将芥子粉撒在鸡翅膀上，斗鸡时鸡翅鼓动，芥粉横飞，迫使对方的鸡无心恋战。距即鸡附足骨，斗鸡时用来刺对方的鸡。斗鸡者嫌鸡距不够尖硬而用金属制成假鸡距，套在鸡距上以利战斗，是为金距。

  到了南北朝时期，南齐郁林王喜好斗鸡，花高于正常价钱数千倍的价格购买斗鸡。北齐幼主高恒，继位仅一年就亡国，毫无政绩，却因嗜好斗鸡走狗而闻名于史。高恒规定斗鸡可吃国家俸禄，还对斗胜之鸡授封官爵，类似于官吏选拔。

但是上述这些斗鸡的历史，跟唐玄宗的斗鸡比起来，简直就不值一提了。

都说唐玄宗宠爱杨贵妃，"不爱江山爱美人"，其实这里面是有些夸大的，他最爱的当数斗鸡。何以如此说呢？上述帝王爱好斗鸡，也不过是玩玩而已，唐玄宗斗鸡却斗出了高水准和高境界，可谓"前无古人，后无来者"。

他为了玩斗鸡，专门设立了皇家斗鸡坊，"索长安雄鸡，金毫、铁距、高冠，昂尾千数，养于鸡坊"。皇家斗鸡坊规模之大，远超前代。

这里不得不提到一位在斗鸡领域名震史册的人物，他的名字叫贾昌。据说他斗鸡技艺高超，举世无匹，受到玄宗皇帝的极宠，让他加入"右龙武军"——那可是大唐皇帝最信赖的禁卫军，还为他组织了五百人规模的"六军小儿"队伍听其调遣。六军小儿大都是当时首都长安卫戍部队的后代。这些后生被称为"神鸡童"，都受到玄宗宠爱。尤其是这个贾昌，富贵荣耀比肩于皇家宗室，连他的老爹也跟着平步青云。

当时有民谣云："生儿不用识文字，斗鸡走马胜读书。

贾家小儿年十三，富贵荣华代不如。"可见，唐玄宗时代斗鸡的盛况，绝非其他朝代可比。

上有所好，下必甚焉。唐玄宗爱斗鸡，朝野上下纷纷效仿，致使长安鸡贵，诸王世家、当朝重臣、地方官吏、富家子弟，为买得一只极品斗鸡，甚至不惜倾家荡产。

每年的千秋节，与其说是唐玄宗的寿诞，不如说是斗鸡的盛会。

②

这一天一大清早，李龟年就嘱咐我们："今天是天子寿诞，比前几日不同，大家都要打起精神来。而且天子要亲临斗鸡坊与岐王斗鸡，教坊、梨园都要伺候着。咱们露脸的时候到了，尤其是六郎，跟我学了这么些时日，也到了一展歌喉的时候！"

我心里没底，道："师父，我这两下子行吗？"

李龟年非常坚信我的实力，道："把那个'吗'字去掉，你肯定行的！我也教过几个徒

弟，但最爱的就是你了！你小子有天赋，乐理和歌唱中高难度的地方，你一点就通，有些地方甚至为师都不如你，你还担心什么？"

李龟年哪里知道，我的妈妈就是专业学声乐的，在我小的时候，每日的功课必是练琴、练发声，所以我从小就打下了非常坚实的乐理基础。如今穿越到了唐朝，经一代乐圣李龟年的教授和点拨，技能肯定更进一步了。

我一挺胸脯，道："一切听师父安排！"

到了斗鸡坊，时间尚早，李龟年带着我们四处转悠。这里到处雄鸡挺立，昂首挺胸，甚为威武。原来在千秋节这一天，不但天子斗鸡，长安城里的人都要斗鸡。一是为天子庆生，二是为了博个好彩头，因此斗鸡坊被围得水泄不通，就连普通老百姓都抱着斗鸡，打算好好斗一场。

我们正在观赏斗鸡，忽然有人高喊了一声："避让！"

我以为是皇帝来了，谁承想并不是。我们闪过一旁，只见一个少年，十二三岁的年纪，头戴雕翠金华冠，身穿锦衣绣裤，风风火火而来。一旁有几个少年喝道，一个个横眉冷目，不可一世。老百姓纷纷避让。

那少年目空一切而来，从我们身边大摇大摆地走过去，忽又转回身来，停到李龟年面前，跪倒在地，道："我当是谁呢，原来是大爹爹，恕侄儿眼拙了，给您磕个头！"说着就要磕头，李龟年赶紧用手搀住，道："我当是谁呢，这么大的排场！原来是贾昌贤侄，我哪敢当啊，你今天可是主角，我们得陪着您啊！"

贾昌一脸羞惭，道："大爹爹，您这是挑礼了，我得给您磕一个！"贾昌真就跪下去磕头。

李龟年扶起来，道："你小子快去准备接驾吧，别在我这儿浪费时间了，等过了今天，你到大爹爹的教坊来，有好曲子给你听！"

贾昌这才欢喜起来，拍手道："大爹爹不生气，就是小侄的福分了。谁不知道，侄儿红就红在千秋节当天。大爹爹您可是日日红、月月红、季季红、年年红、辈辈红啊！"

李龟年笑道："你小子伶牙俐齿，还不快去！"

我们也不敢耽搁，回到教坊区，操练演乐，等待唐玄宗的驾临。

时候不久，就听金鼓震天而鸣，景云铜钟连敲了十几下，李龟年道："来了！准备了！"

我这才知道，这是唐玄宗真的驾临斗鸡坊了。我们都回到乐队，各安其座，演奏《秦王破阵乐》。唐玄宗常把斗鸡比作打仗，认为只有配上《秦王破阵乐》才得有氛围。

乐声雄壮和昂扬，时而低沉，时而激越。

那边梨园的舞蹈也跳起来了。遥遥望见，公孙大娘领舞，子满在队中也跟着起舞。他们时而像临阵而斗的英勇士兵，时而像穿着铠甲的斗鸡上下蹿跃，使人看了精神激昂。没想到子满这小子还真是跳舞的好材料，在汉朝驯马的动作都用上了，显得异常勇武。他排在公孙大娘之后，可见也是颇受青睐的了。

一片乐舞声中，就见贾昌在前，尽情舞蹈着，为一群斗鸡开道。这些斗鸡都训练有素，排成两队，径直上场，也不左顾右盼，也不东倒西歪，整整齐齐地跟着贾昌，眼睛一眨不眨地直望着前方。它们被引导至一个广场上，昂首挺立着不动。

这时候，乐舞大作，唐玄宗驾到了。但见万人攒动中，唐玄宗戴着冕冠，旁边携着一个艳姿绝世、略显丰腴的女人，后边是宫室子弟、后宫佳丽。他们一行人到一个高台之上，选择尊位一方坐定。这时候，岐王也率领阖家子弟、嫔妇坐在了对面。中间空出一块空地来。

乐声转急，嘈嘈切切如雨落珠盘。此刻是贾昌的高光时刻，但见他在群鸡之中领舞，群鸡随着他给高台上的天子朝拜，如此九遍，让唐玄宗十分欢喜，当即赏下碧玉粳。

景云铜钟

  钟高247厘米,腹围486厘米,口径165厘米,重6吨。钟用铜锡合金铸成,铸造时分为5段,共26块铸模,钟体可见铜铸弥合痕迹。钟形上锐下侈,口为六角弧形。钟身有可调节音律的"蒲牢"形钟乳32枚,钟声纯美优雅,清脆洪亮。钟身周围铸有纹饰,自上而下分为3层,每层用蔓草纹带分为6格,共18格。格内分别铸有飞天、翔鹤、走狮、腾龙、朱雀、独角独腿牛等图案,四角各有4朵祥云,生动别致。

  现藏于陕西西安碑林博物馆。

跳完舞蹈，贾昌指挥群鸡退场，跟进场一样井然有序。

几千只鸡都训练有素，难怪天子宠爱贾昌了。

群鸡退下后，贾昌登上高台，用稚嫩的嗓音喊道："千秋斗鸡盛会开始！第一场：天子对岐王！以下逐级展开海斗，胜利者晋一级，最终胜利者，可与第一场胜利者斗，天子有重赏！"

3

热闹的斗鸡盛会开始了。

如果你以为这只是一场斗鸡盛会，那就大错特错了。其实，斗鸡只是这场盛会的主题，除斗鸡之外，还有斗诗会、斗美会等。无论是斗才还是斗艳，目的只有一个，那就是获得唐玄宗的青睐。

李龟年告诉我："别看斗鸡盛会轰轰烈烈，好多人来这里可不是斗鸡的。"

还没等他说完，只见一个小厮气喘吁吁地跑过来，上气不接下气地说："出来了！出来了！"

李龟年急切道:"别急,猴崽子!快拿来!"

就见那小厮从怀里掏出一张纸,上面歪歪斜斜写着几行字。

李龟年抢过来,念道:"路逢斗鸡者,冠盖何辉赫。鼻息干虹霓,行人皆怵惕。"一边念,一边点头赞好。又吩咐道:"准备了,就用《凉州词》的曲子!六郎,你来唱!"

不大的工夫,乐队到位,乐声响起。我手拿着纸稿,站到教坊舞台的中央,一板一眼地唱起来。我当时心中忐忑不安,生怕唱砸了,可当我歌喉展开,偷眼往台下看时,观众们侧耳倾听,十分陶醉。于是,我信心大增,发挥得更加自如了。唱完之后,不但观众喝彩如潮,就连观赛正酣的玄宗天子也暂时忘却斗鸡场面,对着我鼓起掌来。

我的心里美极了,平日李龟年只是寻常教,我跟着学,我也没觉得有多少感染力,今天在万众瞩目之下一唱,才知道歌唱的魅力。那姿态、那歌喉、那节奏、那情感、那灵感,一时之间简直如喷泉般迸发。放在现代,置身于维也纳金色大厅里,也毫不逊色。

还未唱完,就有锦衣小监从高台上下来,穿过人群,来到教坊宣旨:"天子问:作词者何人?歌唱者何人?"

李龟年跪下道:"作词者陇西李白!歌者陇西郑六!"

想当初，我于汉朝之时曾在河西养马，这样说来，与陇西李白倒是同乡。可是李白生于中亚碎叶城，五岁随父入蜀，后来自称陇西李氏，不过是冒名之说。不过，我跟他俱是冒名，又何必较真儿呢。

小监回去复命，一会儿又转来，手上托着一幅黄卷。李龟年跪接了，展开一看，上边写着两个"好"字。字迹一看就知道是御笔。李龟年十分激动，叫了我一声，道："六郎，随为师去寻李白！"

我们走出教坊，跟随那个小厮来到一处斗鸡场，只见里面斗得正酣。

其中有一个人，一脸英气，留着三绺细髯，目光炯炯有神。其人个头不高，算不得英武，但眼角眉梢流露出冲天的才气和不可一世的豪情。

那人正挤在人群中，喊得满脸通红。再看场中，有两只鸡对立。一只稍显大些，头高高地举着，明显占据了优势；另一只略小些，略处下风，只有防守之力。两只鸡对峙，谁也不肯轻易发起进攻。

那人有些急了，不停地往大鸡身上喷水。原来在斗鸡时，往鸡身上喷水可使斗鸡变得亢奋、勇猛。他一边喷水，还一边喊："冲啊，上啊，还有一击，便可将它击败了。我

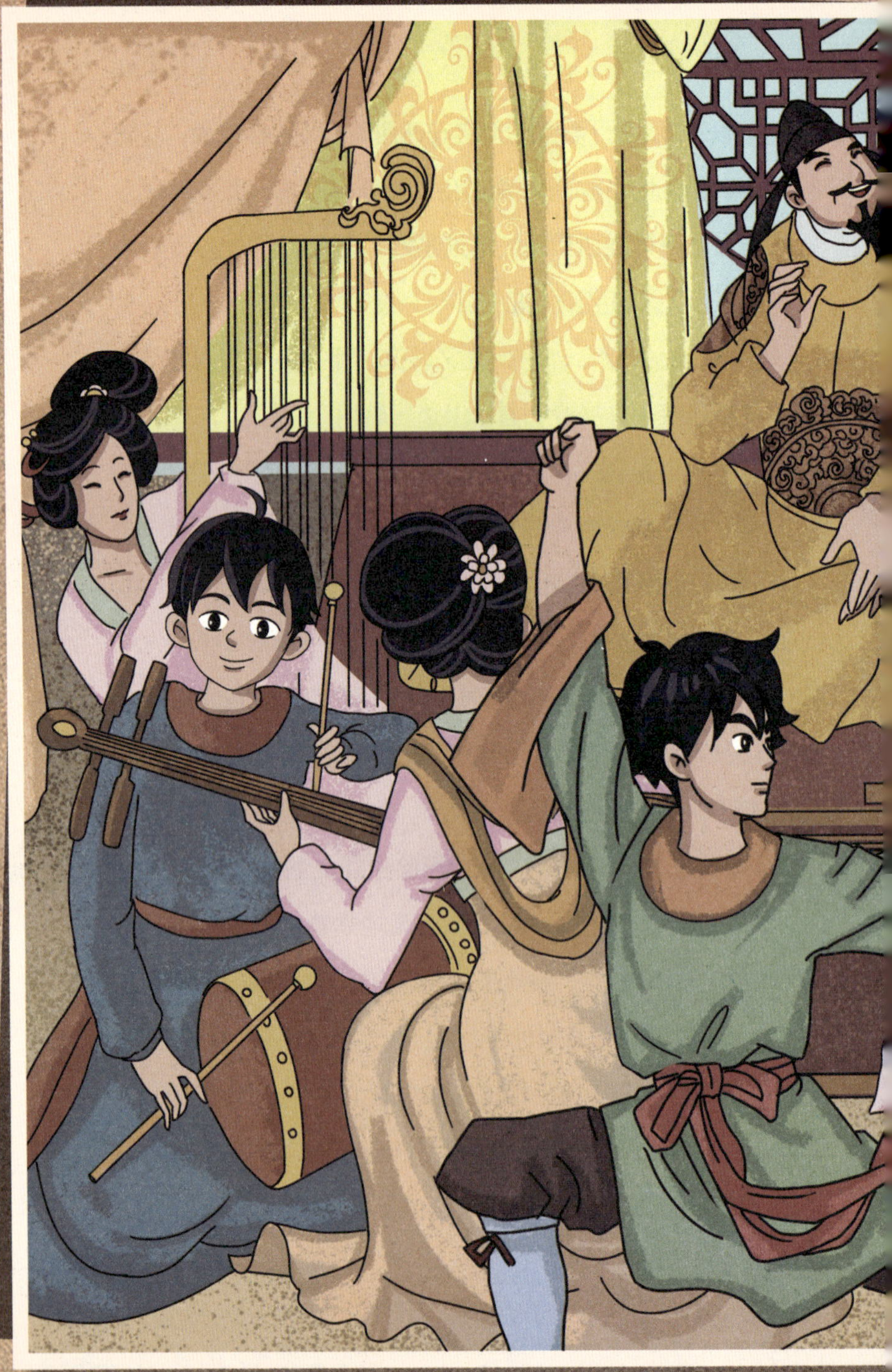

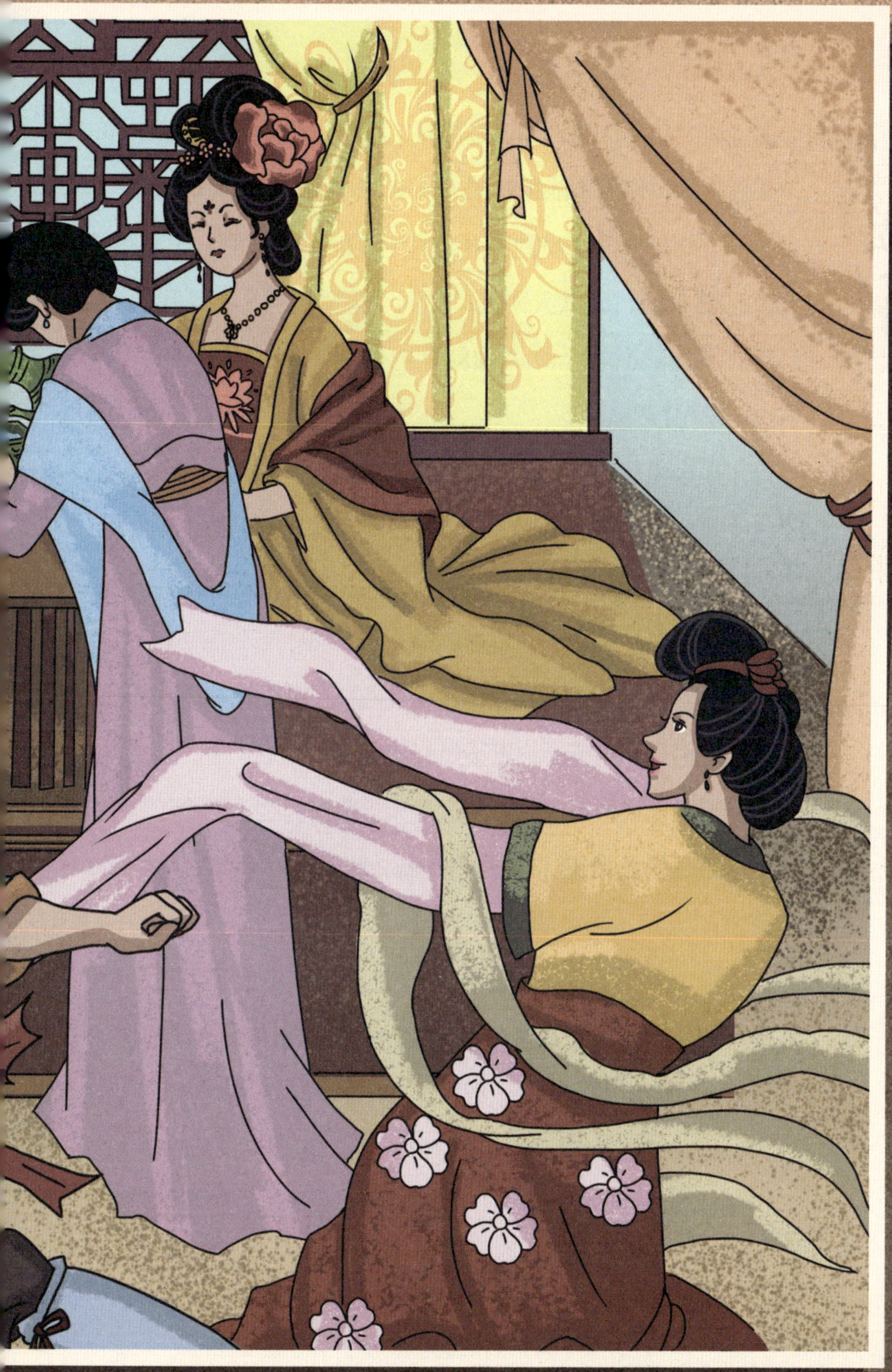

的'碧金葫芦'啊,你倒是冲啊,我可是花了大价钱才把你买到手的,你可不能丢我的人!"

可能是他喷水喷到了对方鸡主人的头上,那主人大怒,道:"姓李的,你欺人太甚,你的'碧金葫芦'不是我的美鸡对手,都不敢上前。你就是把五湖的水都泼到鸡头上,也不管用!"

那人大怒而起,当时就给了美鸡主人一拳。美鸡主人也不是好惹的,当场就跟那人打斗起来。场上的"碧金葫芦"和美鸡不斗,两只鸡的主人倒大打出手,看热闹的人无不哄笑。

眼看着那人要吃亏,李龟年赶紧出来喝止,道:"都住手!这里是斗鸡盛会,可不是打架盛会!"

美鸡主人循声一看,知道是天子跟前的红人李龟年,一下子就停手不敢打了。那人一看,也认得李龟年,哈哈大笑道:"大郎,原来是你!"

李龟年攀住他,笑道:"李十二,你都多大了,还在街头打架!刚才天子还夸你呢,要是打架的事传到天子耳中,你不是又要与朝廷无缘了?"

那人正是李白。只见他一阵大笑,道:"哎,美鸡主人,这场算我李白输了,你且去报捷吧!大郎,咱们多久没见了？这一次可要大醉几场！"

李龟年笑道："谁不知李白是酒仙，我可不是你的对手。"

李白全然不顾在场之人，像个孩子似的，攀住李龟年的胳膊，道："不行，最少三百杯！"

第 3 章
岐王宅里

①

　　李龟年拉着李白的手，就往自己家里走。

　　李白提醒他道："天子可正在兴头上，你怎么说走就走了呢！"

　　李龟年笑道："天子我天天见，我离开一时半刻倒也无妨，倒是你老兄，我可是几年没见了，寻常只是管你要诗词谱曲，今天得见真人，岂有不醉之理！"

　　他又指了指我，跟李白道："这位六郎是我新收的徒弟，假以时日，乐曲方面的成就绝不亚于我，你的诗词以后恐怕也要倚仗他传唱了！"

李白上下打量我，欣喜说道："大郎，你收得如此高徒，真是可喜可贺，更要多饮几杯了！"

李龟年爽朗大笑，道："舍命陪君子就是了！"

当然，最激动的当数我了，我连眼睛都不敢眨一下，生怕错过这位诗仙的每一个动作和每一句言谈，心想我这是修了多大的福分啊，亲眼见到了被后世誉为诗仙的李白。在我们那个时代，无论小学、中学，还是大学，必须背诵的诗词里面，这位诗仙的诗篇是最多的，他那飘逸浪漫的形象早已深入我心，没想到竟然能如此近距离地接近他，简直是老天眷顾我。我不愿独享这份眷顾，偷着让小厮给子满送信，让他也来沾沾光。

李龟年的宅第修在东都洛阳。他在长安的宅子不大，但规制严格，装饰豪奢。

他拉着李白在前头小跑，我在后面紧紧跟随，后边还跟着一干小厮。刚进宅门，李龟年就吩咐："速速买好菜，越快越好！"

李白笑道："菜倒是好说，我只关心酒好不好？"

李龟年骄傲地说："满长安城去打听，要是我这宅子里的酒不好喝，长安也没

几处有好酒喝了！我这里有几坛子太宗亲酿的'太平春'，恐怕当今天子想喝了，还得管我借呢！"

李白哈哈大笑，道："大郎，别耍贫嘴！到时候我喝光了你的酒，你可不要吝惜！"

李龟年眉一扬，笑道："李十二，我知道你是海量，可还吓不到我，我除了太宗皇帝的'太平春'，还有高宗皇帝的'升平春'，要是还不够，我还有则天皇帝的'四海春'，醉不死你都算你侥幸了！到时候你少喝一杯，我可不依你！"

李白叹服，道："罢了，谁不知道你是当今天子驾前大红人，不想偏又有这么多先皇佳酿，真是让人不敢小觑！"

李龟年笑道："咋了，连你这个不可一世的谪仙人也服了我了？"

"着实服了！着实服了！"

一会儿的工夫，酒宴摆上。菜品俱是上等，四坛子"太平春"摆在桌上，盖子揭开，酒香立刻四溢，满室皆香。

李白不住赞道："好酒！果然名不虚传！"

李龟年连敬了三杯，道："六郎，你且过来敬酒，然后把《饮中八仙歌》唱给他听，让他看看在世人眼中，他到底是个什么样子。"

我不敢怠慢，先是恭恭敬敬地敬了三杯酒。李白也不推却，我直管敬，他只管饮，来者不拒。

敬罢了酒，我一展歌喉，唱起了《饮中八仙歌》，当唱到"李白一斗诗百篇，长安市上酒家眠，天子呼来不上船，自称臣是酒中仙"的时候，李白起身大笑，道："如此歌词，如此歌手，我李白不枉人间走一场了！来来来，我敬大家三杯！"

正喝着，外面有脚步声，有人人未到而声先至，道："哟！好大的酒量，难怪人家说你是个酒仙呢！连我这个女流之辈，今天也顾不得臊了，倒要讨几杯酒水喝！"

"公孙大娘！"李白和李龟年同时眉飞色舞地说道。

进来的正是公孙大娘！原来我派人去叫子满过来，就惊动了公孙大娘。公孙大娘也懒得在斗鸡场上应景，就兴冲冲地带上子满一起来找李白喝酒。

大家都是老朋友了，便坐在一起，饮酒作乐。

李白说："幸亏大娘来了，否则这酒再喝下去就没味道了。"

公孙大娘问道："此话怎讲？"

李白笑道："岂不闻到长安若不听李大郎歌唱，浑身难受，若不看公孙大娘跳舞，不如死了！如今好酒好菜，兴致

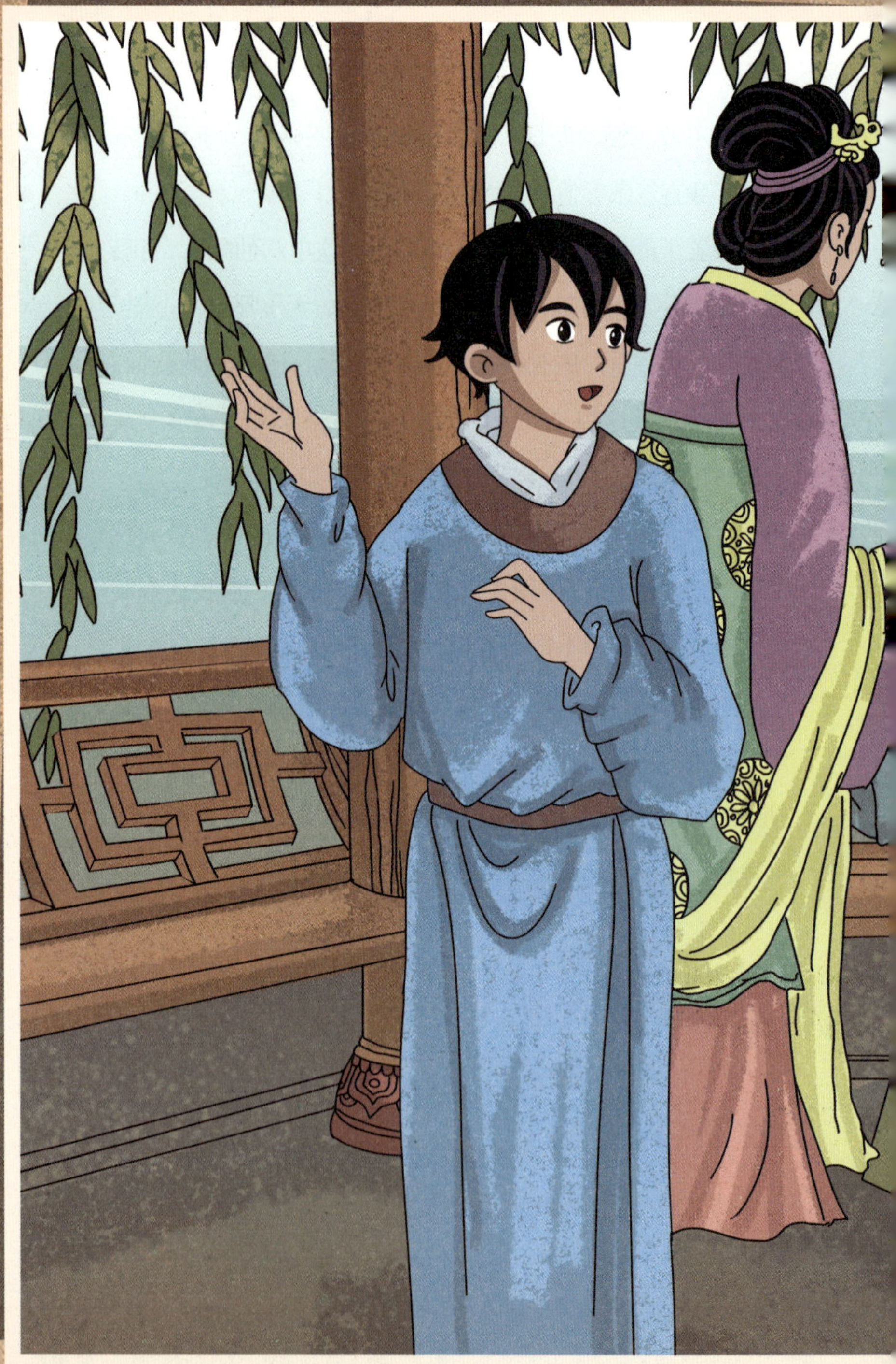

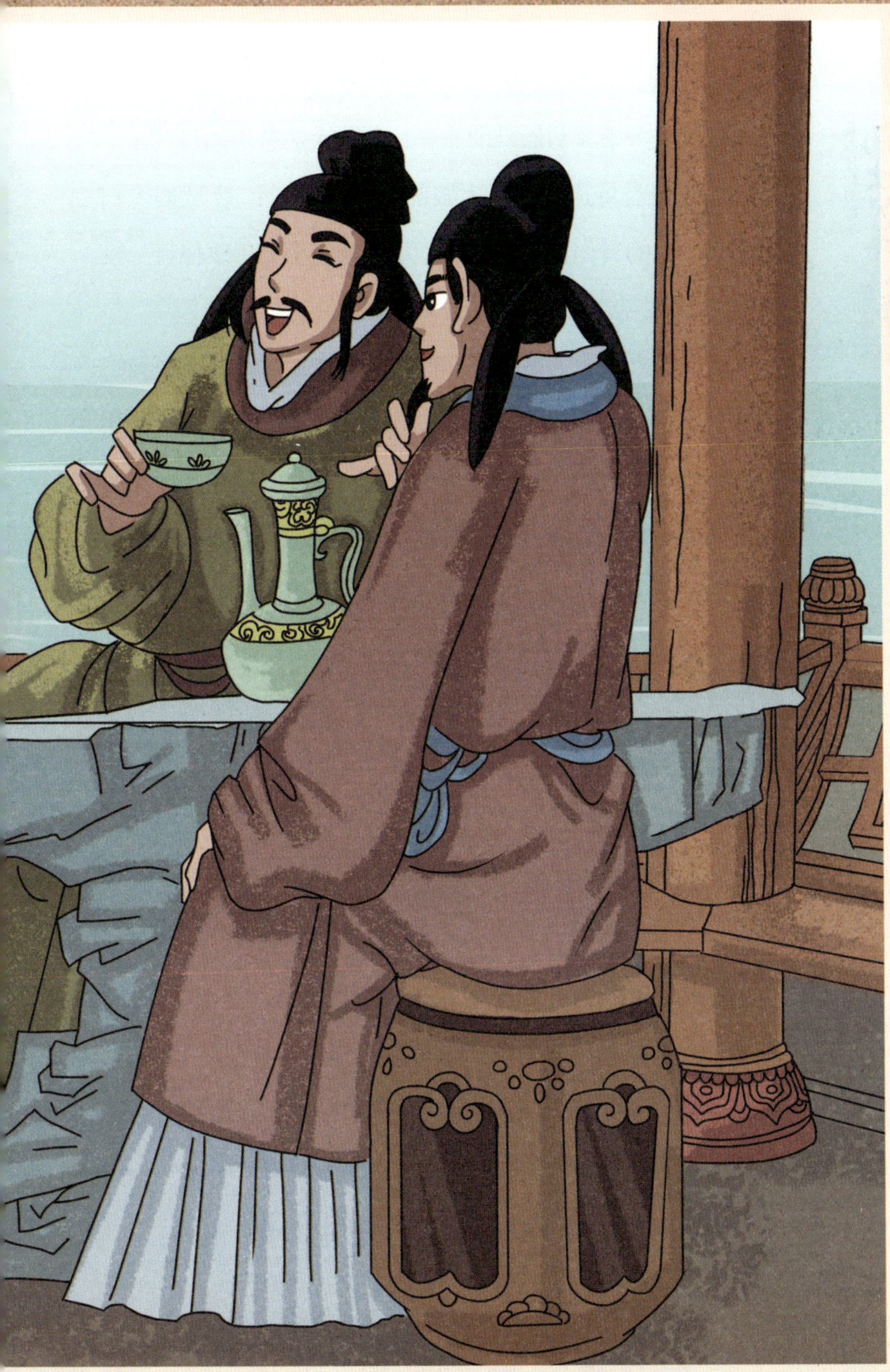

高昂，就差大娘舞剑器以助酒兴，公孙大娘意下如何？"

谁知他当场遭到公孙大娘的拒绝，她说："今日偏要扫你的兴，我的舞你也看得烦了，且看我这小徒弟给你舞一段《裴将军满堂势》如何？"

众人大喜，尤其是李白，他兴奋地说道："《裴将军满堂势》是不可多得的乐舞，今天李白托大娘的洪福了，有此眼福！"

子满下场去，上下左右地跳跃，在场之人但见剑影纷飞，寒光闪耀，一股股寒意笼罩当场，人人皆有惊心动魄之感。等一番剑舞完了，大家惊魂未定，庆幸只是舞蹈，要是战场之上，多少颗人头已经落地了。

舞罢，大家又是一番畅饮。

2

洛阳有个通远里，是东都有名的豪宅区。李龟年就在通远里大起宅第，规制按王侯拟，奢侈豪华则过之。在距离通远里不远的地方，是积善坊，那里坐落着五王宅，唐玄宗为太子时，跟他的五个兄弟宁王李成器、申王李成义、岐王李隆范、薛王李隆业、隋王李隆悌都住在这里。

第 3 章 岐王宅里

唐玄宗对他的兄弟非常友善，尽管他们并不是同母所生，但自小至大，他一直很珍视手足之情。他曾特制通铺大床和大棉被，兄弟聚首则可以睡在一起，重温童年时代的美好。在长安隆庆坊也有五王宅，他们可以随时来往于长安和洛阳。

距离五王宅不远是遵化里，那里居住着唐中宗时的中书令崔湜的弟弟——秘书监崔涤，叫作崔九堂。

通远里、积善坊、遵化里这三个地方居住着洛阳非常显赫的家族，可谓权贵聚居，名流云集。岐王、宁王、崔涤等，很多的王公贵族都能诗善艺。当时许多文人雅士经常出入这里，作诗唱和，自黄昏至清晨。

李龟年作为著名的歌手，自然也是这些王公贵族的座上宾。

斗鸡盛会结束后，李白与李龟年在长安作别。唐玄宗虽然连连称赞李白的诗作，但仍无心起用他。李白无奈，只好离开长安，打算到襄阳去，想通过其他人的引荐获得天子赏识。

李白走后，李龟年也觉得累了，就回到他洛阳的家中。因为我十分眷念子满，想要跟子满团聚，李龟年又不舍与我分离，于是，他就央告公孙大娘一起到洛阳，寓居在他的府上，大家一起消磨时光。

原来李龟年是兄弟三人，他还有两个兄弟，一个叫李彭年，一个叫李鹤年。李彭年善舞，李鹤年善歌，都是一代风流人物，深得天子恩幸。

歌舞向来不分家，因此李氏三兄弟与公孙大娘自幼交好，一有空闲便要一起切磋技艺。有时候唐玄宗也参与进来——这位天子才是梨园的魁首、教坊的冠军，吹拉弹唱，无一不精。

这样一来，在李龟年洛阳宅第中，几个大唐音乐界的一流人物聚在一起，琢磨与切磋，彼此学习，真是轰动一时的盛举。我跟子满倒可以一边学习，一边在一起生活。

李龟年和公孙大娘打算编撰一本名为《梨园杂录》的书，唐玄宗为名誉"总编"，他们二人为"执行总编"，又以李彭年、李鹤年、我和子满，以及其他一些有名望的梨园子弟作为撰写人，专门做梨园内乐舞方面的记录和报道。

奏请上达天听，天子大喜，不但非常认可这个"名誉总编"的身份，还要从大内拨款，专门用于撰书的用度。

一时间，天子亲自为梨园书刊拨款的事传及四海，成为佳话，引起天下轰动。

这一天，大家正在筹划《梨园杂录》的第一篇文章，仆从拿着一个帖子进来,禀道:"岐王府下请帖来了。"

李龟年并不接帖,只问道:"什么事?"

仆从低头禀道:"说请您过去,有一批异域乐人到了,让您过去欣赏。"

李龟年点了点头,道:"知道了,你且去回复,我必如期赴约。"

③

到了赴约之期,李龟年与公孙大娘带着我跟子满一同前往。

我心里明白,这次去岐王府可是轰动千古的大事。岐王本来也不过是个普通的王爷,因为和唐玄宗是好兄弟,才得以避免历代同姓宗室惨遭屠戮的下场。他本来也是难以留名后世的,多亏了与李龟年的交往和杜甫的传唱,才有了千古之后人们仍然想见这位王爷的风范的想法。

我们一行人来到岐王府里,厅堂之上早已是高朋满座。最前面的两桌酒席，一桌首席，一桌次席。首席上坐满了人，一看便知道是岐王宅里的主人、当今天子的近支宗室；次席座位空着。岐王亲自迎接，把我们领到次席。

岐王热情洋溢地跟李龟年道："大郎，光临敝宅，真是给足了我面子！"

李龟年笑道："王爷这么说可是折煞小人了，要没有您，我这点本事到哪里显摆呢？"

岐王也笑了："你这样的马屁到我皇帝哥哥那里去拍吧，我这里可受不起！除了公孙大娘——长安第一舞娘，能让本王日夜盼望的也就是你了！"

公孙大娘笑着揶揄道："王爷，好久不见！见面就是这么甜言蜜语的，就不怕人家当真吗？"

岐王笑眯眯地说道："说的当然是真话，本王岂会说假话？等宴会散了，你正好留下，我也养了几个小厮，都嚷嚷着跟你学舞呢！"

大家说笑了一阵，乐舞声就起了。

厅堂之上，推杯换盏之声，一浪高过一浪。只有我们这一桌独对这异域来的歌舞感兴趣。

很快，异域的音乐人——施展绝艺，金石丝竹之声，绕梁不绝。李龟年听得入迷。他一会儿提醒大家："这是龟兹慢板"；一会儿又自言自语："这是突厥流水板"。整个宴会期间，他就是这样不停地审音辨律、指点评说，而且句句中肯，惹来了在场人的钦羡。

演奏完了，岐王把异域的音乐人请出来与李龟年等人相见。大家皆是同行，又深服彼此的声名技艺，虽然素昧平生，却一见如故。这场宴会的主演是两个绝色女子，一个女子手抱着螺钿紫檀五弦琵琶，一个持着彩色羯鼓，满眼春色，婉转动人。

看得出来，这些绝色女子所学虽然是异域之声，但却都是唐朝人。小小年纪有如此乐舞功力，连"乐圣"李龟年和"舞圣"公孙大娘都大为赞服。

宴会结束时，岐王以贵重的"破红绡、蟾酥纱"作为礼物赠送给来宾。宾客们见了，仿佛得了珍宝，欣喜异常，唯有李龟年满不在乎。他将礼物随手交给我，奔到宴会演奏的帷幕后边，夺过那把紫檀五弦的琵琶，若无其事地弹奏起来，弹着弹着，突然大笑一声，带着琵琶出门而去，所有人为之瞠目。

那绝色女子倒觉得无所谓，岐王仍满脸笑容，目送李龟年和我们一行人出了府后，他才说道："这下好了，《梨园杂录》首批文章的内容，应该是与两位女子的技艺相关了！那

螺钿紫檀五弦琵琶

中国唯一一把传世的五弦琵琶，相较于四弦琵琶是"曲项"，五弦琵琶是"直项"，即琴轸和琴面处在同一平面上。五弦琵琶现已失传，但在敦煌壁画上经常可以看到此种乐器。在这一件存世的五弦琵琶上，唐代的螺钿镶嵌技巧发挥到了极致，表现了大唐盛世的繁华。

现藏于日本奈良东大寺正仓院北院。

彩绘陶羯鼓

长40厘米，口径16.7厘米，泥质红陶，中空，合模分制粘接而成。鼓呈两端粗、中腰细的筒状，鼓身两端各有弦纹一周，中部束腰处饰弦纹五道，腰鼓两头原蒙有皮革鼓面，出土时已朽坏，仅余铁箍圈及铁环钩等配件。鼓身施白彩，以红彩勾描团花图案轮廓，其间填以黑、绿、白彩。

现藏于陕西省考古研究院。

琵琶是我皇帝哥哥御制的,一共有两把,一把给了我,一把留作己用。如今我的这把流落到李龟年手中,也算是物得其主。正所谓宝剑赠英雄。"

李龟年真是艺高人胆大,我后来才知道,他夺走这把琵琶,虽然有要为两位女子做"专题"的意思,但更大的意义在于,他要邀请她们一起钻研西域乐舞,以创新唐朝的音乐。

唐朝的音乐可谓集前面几个朝代的大成。汉朝的时候,本来属于军乐的"鼓吹曲"广泛地被用于朝廷宴会和宗庙祭祀。魏晋时,把"鼓吹曲"分为横吹、黄门鼓吹、骑吹、短箫铙歌等名目。横吹用鼓角,属西域乐。黄门鼓吹、短箫铙歌用箫笳,属北狄乐,通称为"胡乐"。到隋文帝杨坚时,整理各民族音乐种类,分为七部乐;隋炀帝杨广时又增至九部乐。当时,汉族音乐以清乐为主,少数民族音乐以龟兹乐为主,燕乐还不入流。

唐贞观十四年,张文收造"燕乐"一部,与隋炀帝九部乐并立,而统称为十部乐,以燕乐居首,即燕乐伎、清乐伎、西凉伎、天竺伎、高丽伎、龟兹伎、安国伎、疏勒伎、高昌伎、康国伎。

燕乐拥有《景云乐》《庆善乐》《破阵乐》《承天乐》等

四部气势磅礴的舞乐，在演奏场上均用于开端。

十部乐根据乐舞的特点和演奏形式，分为"立部伎"和"坐部伎"两类。

立部伎，顾名思义是站立演奏，擂大鼓，加金钲，舞者多至几百人，声域宏广，气势磅礴；坐部伎，则为坐着演奏，不用鼓钲，舞者三至十二人，金石丝竹、细乐声声，幽雅清新。

唐玄宗开元、天宝年间，燕乐在皇室和著名乐师的推崇下，达到鼎盛，其中李龟年功不可没。当然，燕乐也为李龟年的艺术生涯拓展了极为广阔的创作空间。

第 4 章
荔枝香飘

①

李白曾为自己设计了和世人迥异的人生道路：不屈己、不干人、不赴举，要在一鸣惊人、功成名就之后，效法张良、范蠡，或退隐山林，或泛舟五湖四海。

李白的一生就是这样的，一个大写的"自我"形象开拓了前无古人、后无来者的恢宏的盛唐气象。

抛开这些光环，我们看到一个充满矛盾的李白。他对生活中喜怒哀乐的感受非常敏感而深刻，时而会发出仰天长叹，时而会流下沉痛的泪水，但很快他又对生活报以一颗赤子之心。更为难得的是，他的狂放和飘逸是持续的、经久不衰的，绝非一朝一夕的心血来潮。

这一点非常难得。李白所引发的生命意象永远鲜活生动，谁也无法没收他手中那支用来讴歌生命和释放豪情的五色之笔，老天不能，唐玄宗不能，老天也不能。

李白年轻的时候就觉得皓首穷经这种的事情不是他追求的功业，所以他选择了练习剑术，访仙求道。在他的心目中，有两类精神偶像：一类是鲁仲连、范蠡这样的人，功成身退，毫不以俗世的名利为羁绊，用他自己的话说"事了拂衣去，深藏身与名"；一类是谢灵运、谢朓这类遨游四海、纵情山水的文学大家，游历山川，纵横江湖，以天下为家。

因此，在去长安斗鸡之前，他东下扬州，漫游江南。洞庭波涛，鄱阳水势，庐山秀色，淮南风月，再加上前辈诗人的足迹和咏叹，李白赤子一般的心早已倾倒在江南的秀色山水中。

他追随"二谢"的足迹，醉心于吴越儿女的轻灵剔透，流连于青山古刹的题咏佳作。

金陵夜寂凉风发,
独上高楼望吴越。
白云映水摇空城,
白露垂珠滴秋月。
月下沉吟久不归,
古来相接眼中稀。
解道澄江净如练,
令人长忆谢玄晖。

  秋夜登高,自有一番感喟。皓月当空,白露迷蒙,澄江如练与月空相接,金陵城倒映在云水烟光摇荡不止的大江里,一种如烟似梦的感觉袭来,心中感到一片空茫。从古至今,谁是自己的知音?大概只有咏出"澄江净如练"的谢朓了。一股凄迷悱恻的思古幽情淹没了这位登高望远的谪仙人。

  明亮的白色一直是李白诗作的主色调,或许冥冥中自有天意,偏偏他又叫李白,字太白。在他心中,赤子之心和亮白色的理想交织在一起,镌刻出了李白天真任性、狂放不羁而又想有所作为的矛盾心理。

  这就导致他的人生矛盾到极点,也别扭到极点。一方面汲汲于建功立业;另一方面又不能忍受建功立业所带来的桎梏和羁绊。

可不是吗，到了长安，引荐无门，李白只好混迹于斗鸡坊，终日与都下那帮五陵豪客聚赌豪饮，有的时候一醉就是好几天，放浪形骸，醉生梦死。没钱了他就随口诌几句诗文，拿到教坊、梨园或附近的娱乐场所换钱，换得钱来，又继续喝酒斗鸡，昏天暗地，不知所以。

可是李龟年和公孙大娘这些人知道，李白那副放荡不羁的外表之下，有一颗炽热的永远无法熄灭的赤子之心。身在斗鸡坊，心在大明宫。他的那颗炽热的心即便是在悦情山水的时候，又何尝离开过长安一步，然而真到了长安，他却发现他离长安竟然如此之远。

还好，唐玄宗不是夸赞他的诗文写得好吗？

李龟年的陈年御酒不是管够吗？

这难道还不知足？

李白带着这样的"知足"怅然离去。

2

在一个漫长夏季的炎热午后，长安教坊被高大槐树上不知疲倦的蝉声所笼罩，一股股热浪袭来，让很多人都恨不得脱个精光跳进河里，跟鱼鳖为伍。我们也脱掉外套，任由汗水在我们的麻质衣衫内外横流。

我们一共三十多个乐工，在李龟年的带领下，正在排演一出新的乐舞。

李龟年一边扇着扇子，一边对我们说道："也怪我多事。那天我进宫去，正赶上岭南进贡的荔枝到了，那贡使说，今年荔枝大丰收，特选了极品荔枝九十九笼，先请贵妃娘娘尝尝鲜。好家伙，一打开笼子啊，香满一室，把我馋得！我寻思着，天子会不会赏我颗荔枝尝尝呢，可是天子说了，'李龟年，你还愣着干吗？'我寻思这是让我挑几笼下殿呢！谁承想，他老人家紧接着就说了，'快回去度一新曲来！'我这命好苦啊，荔枝没尝到一颗，还得给他们度制新曲！来吧，都别愣着了，快操练起来吧！过两天可是贵妃娘娘的寿诞之期了，这可是咱们露脸的时候，都不可懈怠！六郎领歌手到那厢练歌唱，我领乐手练乐器，九郎领其他人练舞！"

人群分头散去，刚走了没几步，李龟年又大声说道："这可是为了给贵妃娘娘的寿诞献礼备的，谁给我搞砸了，我饶不了他！"

还没练多大工夫呢，李龟年就拿着几张纸来找我，说道:"李十二来信了!"

我们展信一看,上面写道:

奉教坊首领李大郎龟年并郑六郎子六同启:

长安一别,转眼已数月了,十分想念。想起那些斗鸡斗酒的事,就跟发生在昨天似的,谁想我如今已身在襄阳。大江波浪连天,涤荡暑气,似乎已有初秋之爽了。

好久没有寄诗文给你们了,最近也懒得写,不过倒有一篇文章,是我打算呈给荆州长史韩朝宗的,你们也知道,我最不喜欢皓首穷经求取功名了,能够得到朝廷重臣名士的推荐,我自然是求之不得,实在不行,我宁肯求道修仙,也断不肯摇头背书了。

这里把部分文章抄给你们,你们看能不能谱成曲子编成舞蹈。

白闻天下谈士相聚而言曰:"生不用封万户侯,但愿一识韩荆州。"何令人之景慕,一至于此耶!岂不以有周公之

风,躬吐握之事,使海内豪俊,奔走而归之,一登龙门,则声价十倍!所以龙蟠凤逸之士,皆欲收名定价于君侯。愿君侯不以富贵而骄之、寒贱而忽之,则三千之中有毛遂,使白得脱颖而出,即其人焉。

白,陇西布衣,流落楚、汉。十五好剑术,遍干诸侯。三十成文章,历抵卿相。虽长不满七尺,而心雄万夫。皆王公大人许与气义。此畴曩心迹,安敢不尽于君侯哉!

君侯制作侔神明,德行动天地,笔参造化,学究天人。幸愿开张心颜,不以长揖见拒。必若接之以高宴,纵之以清谈,请日试万言,倚马可待。今天下以君侯为文章之司命,人物之权衡,一经品题,便作佳士。而君侯何惜阶前盈尺之地,不使白扬眉吐气,激昂青云耶?

韩朝宗若是肯帮我,我自然能够平步青云;若是不肯帮我,我的心也渐渐地死了,再也不肯入长安了。

那天梦见长安的月,像个银色的大圆盘,就在窗户外低低地悬着,我还以为是东方日出呢。

祝你们平安吧,想念大郎的觱篥,想念六郎婉转的歌喉、公孙大娘和九郎子满的舞蹈,以及跟你们同饮共醉的日子,一并致意吧!

希望你们不久就能够收到关于我的佳音，那样的话我们就又能在长安欢聚了。

十二，太白！

虽然后来我们在长安并没有得到李白被重用的消息，但我们仍为这篇雄奇冠古今的文章心生折服和震撼，李白顶天立地的形象在字里行间呼之欲出，狂劲和傲气越发不可收拾，由此而产生的待价而沽的欲望也越来越强烈。

可惜韩朝宗并不识货。在他眼中，李白的豪气不过是狂傲，这么轻狂的人怎么能够从政呢？

可以想见，韩朝宗不过读了几行李白的雄文，便撇着嘴，一脸不屑地把李白的文章搓成一个纸团，轻蔑地扔进了废纸篓里。

3

贵妃娘娘生日那天，长安城的名流齐聚一堂。宴会安排在华清宫的长生殿。

皇家宴会的规格肯定是非常高的了，况且杨贵妃还是当今天子的宠妃，规格自然是高上加高。

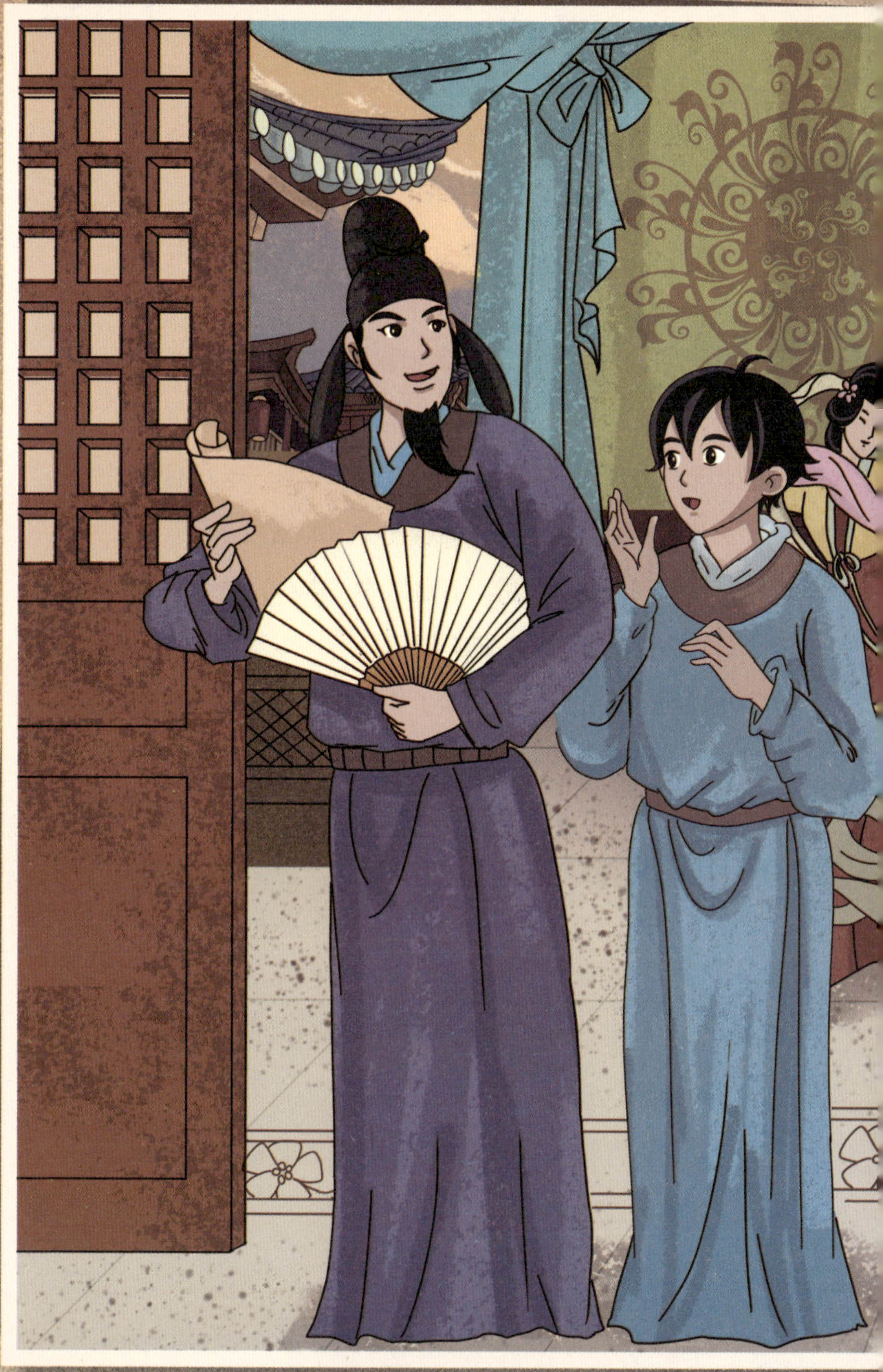

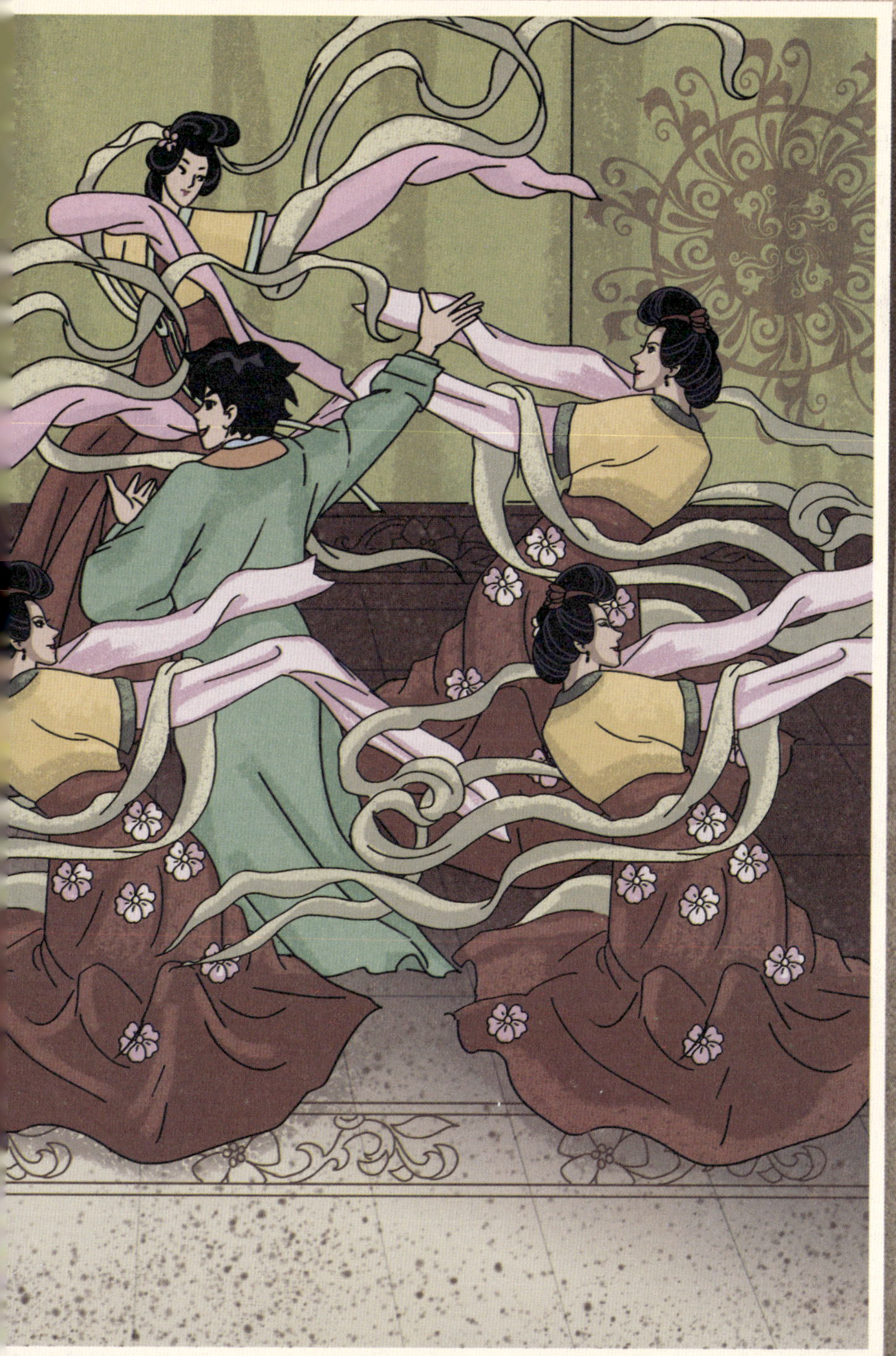

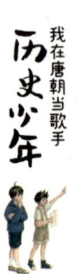

贵妃娘娘的寿诞可是上流妇女争奇斗艳的日子，新潮的发型，新奇的衣服款式，新近出品的脂粉、朱砂、眉黛、香料，最新上市的金钗、螺钿、饰品、手镯，新鲜的发髻花样，各地进贡而来的新鲜水果、海鲜、坚果，从西域传过来的美姬、美酒、烤肉和胡饼，来往穿梭的都是训练有素的昆仑奴和突厥女孩……凡是当时那个世界上最为新奇时兴的玩意儿，长安应有尽有，贵妃娘娘的寿诞宴会上更不会少了。

宴会最重要的娱乐当然是我们教坊和梨园的乐舞。

我们早早就过去安排好了，原本是按照之前的惯例来，后来因为收到李白的一篇雄文，李龟年便以最快的速度将其谱制成新曲，准备在宴会上演奏，并由我来演唱。

在排演李白这篇《与韩荆州书》的时候，我贡献了自己的智慧。当时灵光一现，想起我的老爸带我去国家大剧院看西方歌剧时的情景，就建议李龟年借鉴一下西方歌剧的模式，在大唐上演一场李白希望得到朝廷重用的歌舞剧。

李龟年在艺术的追求上是非常开放的，这倒是大大出乎我的意料。后来才有人告诉我，李龟年本人也是演滑稽戏的高手。我把自己的想法告诉他，他当即组建了一个小团队，按照李白在信中所描述的拜请韩朝宗引荐的情节来排演歌剧。

多少年以后，我仍然忘不掉贵妃娘娘三十岁生日那天，除了贵妃惊艳的亮相让日月星辰都感到羞愧之外，就是李白的这场歌剧收获了当场最热烈的掌声。

参加宴会的人议论纷纷。有的说："这个李白太不自量力了，一介书生而已，竟然给一个州的长史写自荐信，真是不知道自己姓什么叫什么能吃几碗干饭！"有的说："李白文采盖世，诗气冲天，朝廷不重用他是朝廷的损失！"有的说："这个韩朝宗算个什么玩意儿，不就是一个小小的长史吗，你看他那副嘴脸，都不知道自己是吃哪碗饭的？"有的说："无论官大官小，为国举贤，责无旁贷，韩朝宗怎么就敢拒而不报？"……

那天生日宴会在贵妃娘娘没出场之前，李白是绝对的主角。他成为宴会议论的焦点人物，而且很快就传遍了长安城，成为街谈巷议的热点。

但有一点不能不说，当贵妃娘娘出场时，李白的话题立刻退居第二，虽然没有完全消止，但也让位于杨贵妃的雍容华贵和风情万种。三十岁的杨玉环虽经过了岁月的洗礼，却越发出落得艳丽无双。

丰腴艳丽的杨贵妃一出来，每个人都屏住呼吸，目不转睛地看着她。李白连同那些流光溢彩的装饰品和美酒少年,都被杨贵妃的艳丽风姿扫除殆尽,长生殿里只剩下一种光芒——杨贵妃的宠爱之光。

此时,荔枝适当其时地端了上来。李龟年把手轻轻一挥,教坊新制的曲子响起来,歌声舞蹈曼妙而起,渐渐地把想入非非的人群拉回了现实。

唐玄宗高兴异常,问李龟年道:"大郎,这个曲子谱唱得非常好,但不知道曲名为何?"

这一问可把李龟年给难住了,要不是彼时彼刻有一个宫女举着盛满荔枝的盘子让唐玄宗和杨贵妃一同品尝荔枝的话,要不是盘子里的荔枝发出幽幽芳香沁人心脾的话,李龟年绝不会灵光乍现想到如此美妙的一个名字。他含笑道:"陛下,此曲名为《荔枝香》,是专为贵妃娘娘的寿诞而制作的!"

唐玄宗和杨贵妃听了大喜,忙让高力士赏赐。宴会在《荔枝香》的歌舞声中达到了高潮。

第 5 章

沉香亭畔

①

长安初秋的某一天,老天刮起了些许凉风,使得人们暂时忘却了昨日还热如蒸笼的暑气。我们在教坊的老槐树下饮茶乘凉,便有高力士来宣旨,天子让李龟年立刻进宫。

宣罢了旨意,我们赶紧请高力士坐下,端上好茶。高力士饮了一口,说道:"大郎,这次去你要留神,陛下心情可不怎么好。"

李龟年一惊,问道:"您老可知道是为了什么?"

高力士叹了口气:"还不是你那出李白求荐的歌舞剧。不是我说,这个李十二要干什么?大郎你也由着他胡来,这下天子可动了真怒了。"

他们不敢多耽搁,略聊了几句就入宫去了。我有些担心,就在他们走后不久,也溜达到了宫门附近,打听宫里消息。

到了皇宫,唐玄宗和杨贵妃都在,杨贵妃倒是喜笑颜开的,唐玄宗脸上有些不悦,但绝没有高力士说的那么严重。李龟年悬着的心这才放下,知道没啥要紧的事。

李龟年行礼如仪。

唐玄宗劈头盖脸地问道:"大郎,你那出李白求荐的好戏可把朕给害苦了,长安域内大街小巷都在编排朕,说朕不爱惜人才,任由高才放逐乡野,这个骂名可都是因你而起!"

李龟年赶紧跪下,道:"臣哪敢有这个心思,不过是看李白的文辞惊艳,才新制了那出歌舞剧,谁想竟引起这么大的反响!"

唐玄宗沉着脸道:"可不是嘛,说朕瞎了眼,不懂得用贤,朕要是不懂得用贤,这大唐盛世从何而来?真是的,就连老神仙都来说李白的好话,我看这个李白倒是不能不用了，再不用，朕可真就'埋没人才'了！"

李龟年笑道："吴筠来过了？"

唐玄宗的情绪终于缓和下来，道："前两天朕染小恙，心情烦闷，就派人请老神仙来坐坐，岂料老神仙上来就跟我说李白长、李白短的，言外之意，说朕不爱贤。"

李龟年笑道："没想到老神仙都这把岁数了，还是心忧国家，难得啊。"

唐玄宗颔首道："是啊，既然老神仙都说了，朕也不想当这个不爱贤的国君，让李白尽快来长安吧，朕倒要亲自见识一下此人的才华！"

李龟年心里好笑，千句话万句话，不如老道一句话。原来，这位名叫吴筠的道士颇晓养生之术，因此受到唐玄宗尊崇，被唐玄宗呼之为"老神仙"，隔段时间就要把他接到宫里小住几日。李白在游历江南的途中，与吴筠结交，也算得上是一桩奇遇了。这位老神仙非常欣赏李白，说自己日后进宫了，一定把李白举荐给唐玄宗。李白哪里知道，这个道士可比那位小长史韩朝宗厉害多了。

就这样，唐玄宗下旨，让李白任翰林待诏，终于圆了李白长安月圆的梦。

可是这个翰林待诏是个什么官呢？说起来可笑，这个待诏说好听点是御用文人，说不好听点就是文学弄臣。而与它名字差不多的翰林学士就大不一样了。在唐玄宗时，翰林学士是皇帝的心腹，有"内相""天子私人"之称。好在李白是诗文待诏，是所有翰林待诏里地位最高的。

李白倒不在意这些，管它是御用文人还是文学弄臣呢，能见到龙颜就非常幸运了。在李白的心里，得到皇帝的赏识是第一步，如果得不到唐玄宗的青睐，下一步建功立业还怎么展开？

李白很快收到消息，他简直要高兴坏了。或许这是自他出生以来最快乐的时刻，不由得感觉周身上下轻飘飘的，似乎来一阵风就能轻扬九霄。他痛痛快快地豪饮了三百杯，狂醉之余写下了这首令人传唱至今的诗歌：

白酒新熟山中归，黄鸡啄黍秋正肥。
呼童烹鸡酌白酒，儿女嬉笑牵人衣。
高歌取醉欲自慰，起舞落日争光辉。
游说万乘苦不早，著鞭跨马涉远道。
会稽愚妇轻买臣，余亦辞家西入秦。
仰天大笑出门去，我辈岂是蓬蒿人。

这就是李白,丝毫不掩饰自己的喜怒,高兴就是高兴,没必要故作镇定、伪装深沉,自己梦寐以求的理想变成了现实,无论怎么庆祝都不为过,高歌取醉,起舞落日,烹鸡酌酒……想怎么来就怎么来。他终于不用做"蓬蒿人"了。

2

这是李白第二次来到长安。这次他有了一个新身份——翰林待诏。一个"待"字充分说明了这个官职的特性。因为没有皇帝的召见,他也只好"待"着了。

明眼人都看得出来,李白虽然终日闲散,以饮酒、斗鸡消磨时光,可心里却盼着赶紧结束等待,觐见唐玄宗,开始一场刘备与诸葛亮隆中对般如鱼得水的君臣际会。可是,唐玄宗迟迟不召见他,让他心急如焚,更加整日饮酒,一天到晚沉醉不已。

就在李白成为"醉鬼"的日子里,长安城里的牡丹次第盛开了,尤其是兴庆宫里的牡丹开得更是妖娆多姿。红的、紫的、浅红的、全白的，放眼望去，无边无际，简直就是一片牡丹花海。唐玄宗为了让杨贵妃赏花，就在这片牡丹之中，建了一座沉香亭。

有一天，李龟年正带着我策划新一批《梨园杂录》的稿子，我们因为没有素材而一筹莫展。正在此时，宫里的小监前来传旨，让我们率领梨园精英到沉香亭去。

李龟年便猜中了八九分，道："不用说，天子要带贵妃娘娘去赏牡丹花了。如果我没猜错的话，公孙大娘和九郎也在征召之列。"

小监笑道："乐圣真是料事如神，在您这儿传完了旨，我马上就要到公孙大娘那里，也要宣她入宫伺候呢。"

李龟年特意问了一句："李翰林可在征召之列？"

小监尴尬一笑："那倒没有。"

李龟年摇头叹息："唉！李白恐怕要醉死了！"

教坊、梨园子弟一齐来到沉香亭，提前布置好场地，专等天子和贵妃驾临。

子满是第一次进宫，心里既欢喜得紧，又忐忑不安，生怕说错话、行错步，惹祸上身。趁着宫人忙乱之际，我们一起观赏沉香亭的景致。

只见沉香亭的里边，安放着一张镶金边的桌子，上面有一个青釉凤首龙柄壶，里面装满了清香四溢的茶汤，放在一个镏金莲瓣银茶托上，莲瓣栩栩如生，使人顿生凉意；还有几个兽首玛瑙杯，那兽眼圆睁，不怒自威；还有一个高高的银壶，是舞马衔杯仿皮囊式银壶，颇有西域特色，里面一定盛满了葡萄美酒；中间还有一个玉承盘，里面是珍奇水果、各地贡品。

我们流连忘返，眼睛都不舍得从这些精美的艺术品上离开须臾。这时候，就听得鞭声响了几下，有内监高喊："圣上驾到！"

循声望去，迎目而来的是打伞举扇的队伍，都是年轻的宫娥，手擎着龙凤伞扇，不疾不徐地在前引路；后边跟着羽林军，年轻力壮的宫廷卫士一个个英武有力，目不斜视；然后才是御驾。

只见唐玄宗骑着一匹白马，这匹马通神雪白，异常鲜亮。

子满抑制着极度兴奋的心情，偷偷拽了一下我的衣角，小声说："老哥，照夜白！"

我偷偷地竖起了大拇指："识货！"

唐玄宗骑着照夜白宝马，那马训练有素，步履均匀，起

青釉凤首龙柄壶

　　通高41.3厘米,口径19.3厘米,足径10.2厘米。壶盖与壶口吻合成凤头状,使得壶整体颇似一只挺立的凤鸟。壶柄塑成一直立的蟠龙,龙口衔住口沿,做窥视探饮状,前肢撑于壶肩部,后肢立于喇叭形底座上。壶体以塑贴和刻画技法装饰。腹部塑贴主体纹饰两层:上为六个联珠纹圆形开光,内有手舞足蹈的力士。下为宝相花六朵。口沿、颈、肩及胫部饰以联珠纹、莲瓣、卷叶或垂叶纹。各组纹饰间以弦纹相隔。此壶胎体厚重,釉层凝厚,玻璃质感强,带有北朝以来北方青瓷的遗风。其装饰纹样繁复,结构严谨,层次清晰。

　　现藏于北京故宫博物院。

鎏金莲瓣银茶托

唐朝茶具。高4厘米,口径17.4厘米。茶托宽平沿,浅腹,圈足,平面呈五曲花瓣形,边缘微向上卷。同出的鎏金饮茶托共7件。

现藏于中国国家博物馆。

伏有致，当真有皇家气度和威严。天子坐在马上，一团英气，神气十足。

御驾过后，是贵妃娘娘的步辇。但见杨贵妃一脸喜色、满面春风，凤冠霞帔，珠翠乱颤，点绛朱唇，眉如远黛，风雅至极。

3

唐玄宗携着杨贵妃来到沉香亭，安安稳稳地坐下。群臣百僚、近侍内监、教坊梨园、宫女小监，黑压压地跪倒在地，山呼万岁。唐玄宗十分高兴，让众人都起来，不必拘礼。

唐玄宗指了指满园的牡丹，向杨贵妃道："爱妃，今日满园春色，都不如你！"

杨贵妃轻启朱唇，微笑道："陛下，臣妾如何敢当！"

唐玄宗大悦，他对身边的小监说了几句话，就见小监来到亭前，高声喊道："李龟年觐见！"

李龟年赶紧来到亭前。唐玄宗问他："沉香亭外，牡丹盛开，爱卿准备演奏什么曲目？"

李龟年道："微臣准备了十六部乐曲，供陛下以及贵妃娘娘赏花之用。"

唐玄宗问道:"都是旧曲吗?"

李龟年道:"虽是旧曲,但也都是上乘之作,今日演奏非常应景。"

唐玄宗有些失望:"如此名花,如此爱妃,怎么能用旧词、旧曲呢?"他好像突然之间想起了一件事,就问李龟年:"那个李白不是翰林待诏吗?速速唤他来,让他填新词,你谱新曲,这样才对得起眼前这美景佳人!"

李龟年暗暗为李白高兴,赶忙回道说:"臣这就去唤他来。"

唐玄宗道:"你别去了,让六郎去吧,高力士也去,速速唤他前来!"

我跟高力士从沉香亭中退出来,先是去了教坊,结果李白不在那儿,高力士一着急,嘴里便骂道:"这个李白真是不可理喻!"

我告诉他:"李学士一定在斗鸡坊呢。"

我引着高力士来到斗鸡坊,李白果然在那儿呢,但却没有在斗鸡,而是在斗鸡场外的木椅子上睡着了,远远闻着一股酒气。

高力士一见就烦了,冲着我叫道:"这就是举世都夸赞的大才?我看就是个酒囊饭袋!"

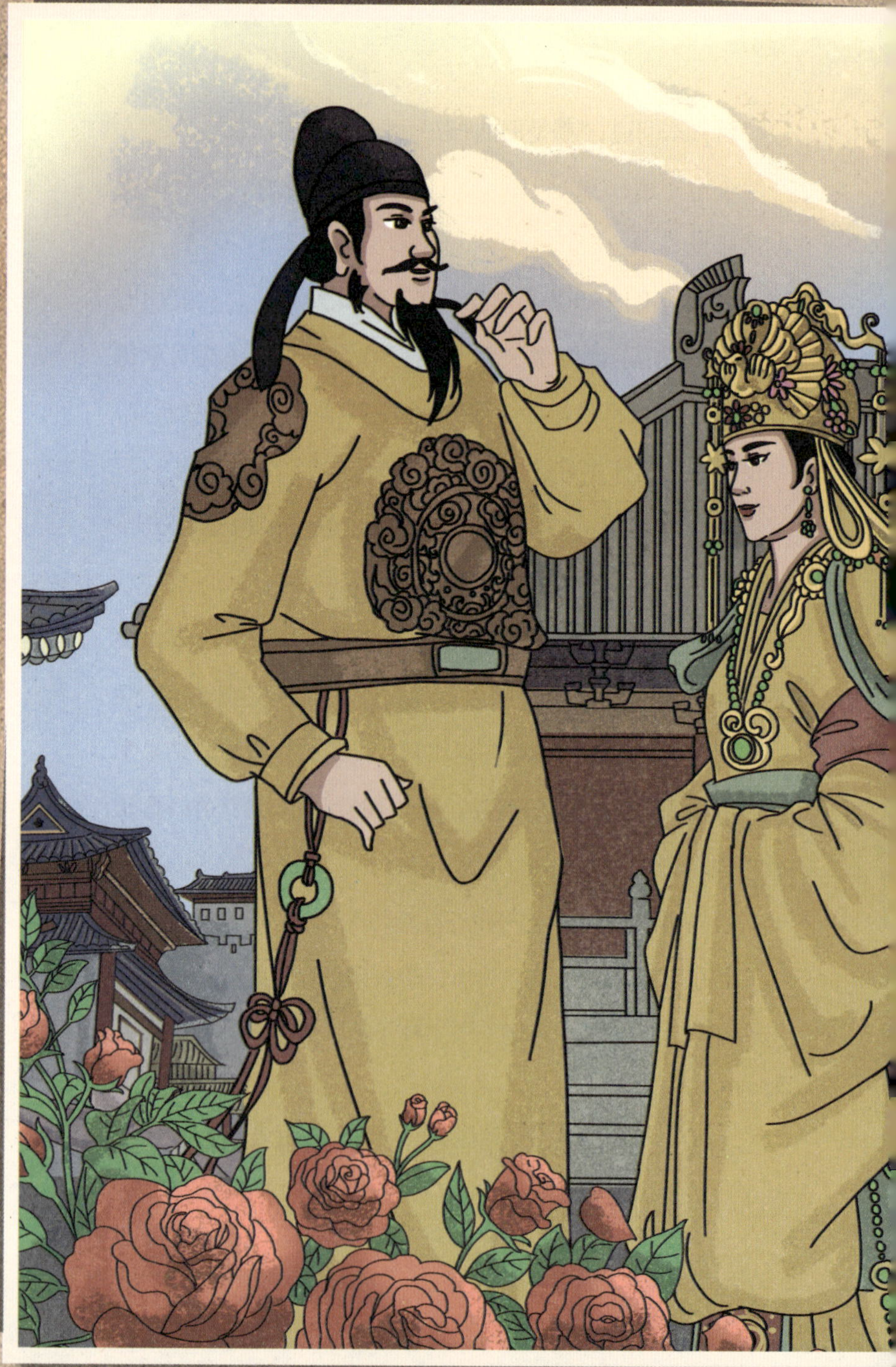

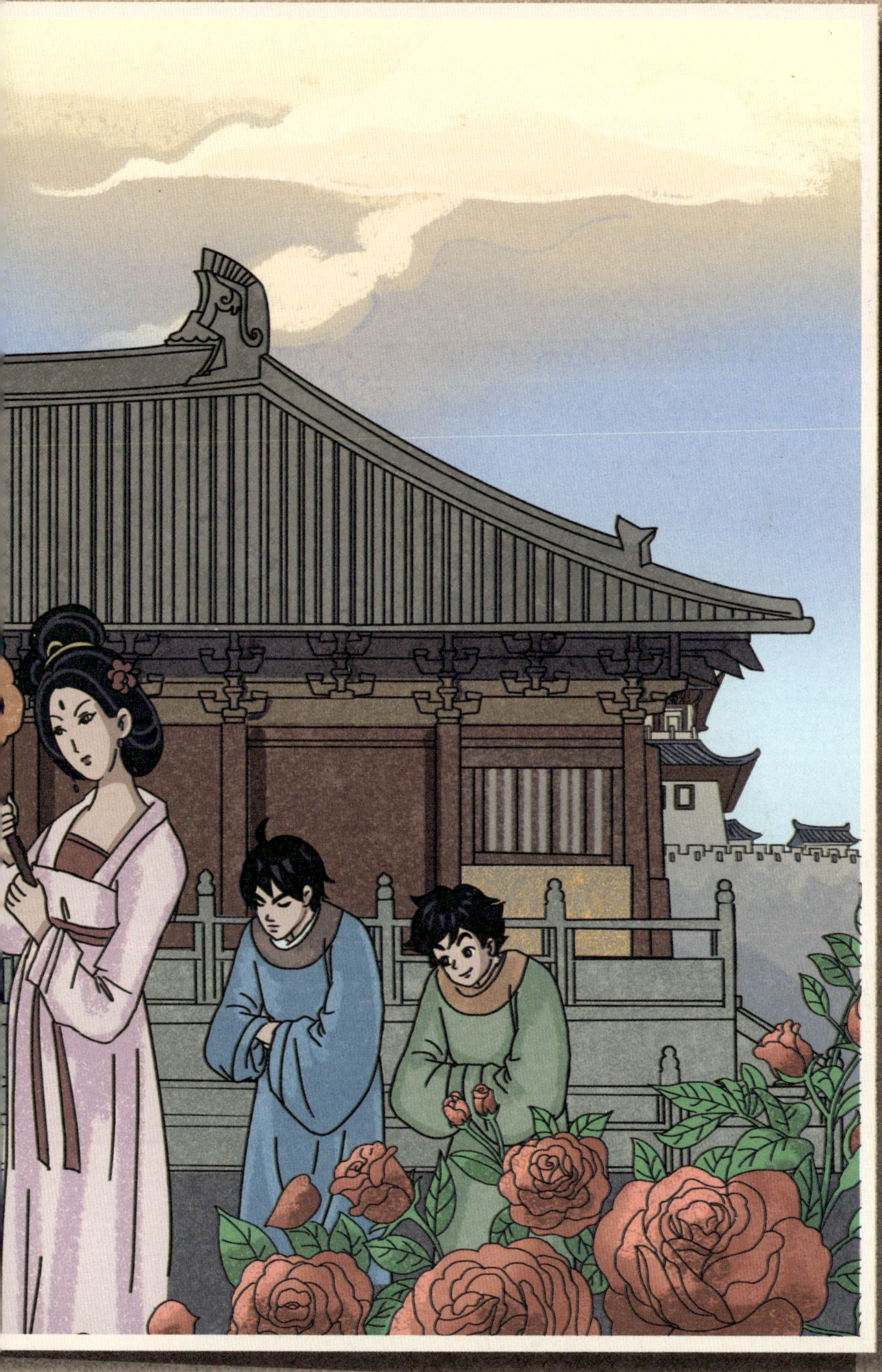

我跑过去抱住李白,左摇右晃,怎么也叫不醒他。后来高力士急了,当场叫了几个斗鸡的小伙子,让他们抬着李白进宫。

当我们抬着醉醺醺的李白来到沉香亭的时候,所有人都等得不耐烦了,尤其是杨贵妃,她手执纨扇,扇个不停,明显是着急了。

李白被拖了一路,酒也半醒了,但仍然是东倒西歪的,站不稳当。

唐玄宗见状大怒,当即跟李龟年说:"这是御用金花笺,李白作诗,你来记录,然后谱曲!"

李龟年急得冷汗直冒,他心里明白,要是忤逆了唐玄宗和杨贵妃的兴致,一百个脑袋也不够砍的。他让人抬来几桶刚从深井打来的冷水,让我跟子满把李白扶住了,然后把冷水泼到李白的脸上。

还别说这一招挺见效,冷水浇头,李白顿时就酒醒了。亭子里的唐玄宗和杨贵妃看李龟年演的这一出,也转怒为笑。

李龟年把唐玄宗的意思跟李白一说,李白非但没压力,反而放声大笑,道:"大郎,这有何难!你且执笔!"

李白不假思索,也不打草稿,只是略微捋了捋稀疏的胡须,然后脱口而出,立时就作了三首《清平调词》:

其一

云想衣裳花想容,春风拂槛露华浓。

若非群玉山头见,会向瑶台月下逢。

其二

一枝红艳露凝香,云雨巫山枉断肠。

借问汉宫谁得似,可怜飞燕倚新妆。

其三

名花倾国两相欢,常得君王带笑看。

解释春风无限恨,沉香亭北倚阑干。

　　李白吟罢,李龟年也写罢,赶紧呈给唐玄宗看。唐玄宗一看,惊艳不已,才知李白果然有大才。李龟年一颗悬着的心才落地,知道满天乌云尽散了,这个让人着急的李十二郎终于迎来了他无限风光的时刻。

　　唐玄宗兴高采烈,向李龟年道:"赶紧把李学士这三篇美词谱成新曲,为贵妃演奏!"

　　这对于李龟年来说可是手到擒来,时间不长,一部新曲制成。唐玄宗跟杨贵妃亲自验看,心中无限欢喜,当即决

镶金兽首玛瑙杯

　　杯高6.5厘米,长15.6厘米,口径5.9厘米。选材精良,巧妙利用玉料的俏色纹理雕琢而成。杯体为角状兽首形,兽双角为杯柄。嘴部镶金帽,眼、耳、鼻皆刻画细微精确,为唐代中外文化交流的产物,是至今所见的唐代唯一一件俏色玉雕,也是唐代玉器做工最精湛的一件,被列入《首批禁止出国(境)展览文物目录》。现藏于陕西历史博物馆。

舞马衔杯仿皮囊式银壶

唐代银器,为中国首批禁止出国(境)展览文物。白银质地,通高14.8厘米,口径2.3厘米,腹长径11.1厘米、短径9厘米,壁厚0.12厘米,重549克。这件银壶仿照西域游牧民族装水用的皮囊壶和马镫的形状综合制造,鎏金的提梁位于扁圆形壶身上部,提梁之前是斜向上的小壶口,壶口上倒扣莲花瓣形壶盖。另外盖纽上还系有一条14厘米长的麦穗式银链,套连于提梁的后部,以防止壶盖脱落或遗失。另外,壶底与圈足相接处有"同心结"图案,圈足内墨书"十三两半",标示了该壶的重量。

现藏于陕西历史博物馆。

定,由唐玄宗亲自操玉笛相和,李龟年主唱,我助唱,公孙大娘和子满伴舞。

杨贵妃手持七宝玛瑙杯,里面满泛着凉州供奉的葡萄美酒,满脸欢笑。而且她觉得李白把自己拟作牡丹写得绝妙好词,使她如痴如醉,云里雾里。后来她亲自轻歌起舞,跟李龟年和公孙大娘遥相唱和。

唐玄宗横操玉笛伴奏,每遍过门,特意用悠扬的慢节奏修饰衬托,不断向杨贵妃致殷勤之意,使李龟年和杨玉环的男女二重唱谐和为一、余音绕梁。

那天的情景,所有在场的人永远都不会忘记。李白即席赋诗,李龟年临场谱曲,一个锦心,一个绣口,锦词妙曲,堪称双绝。

名满长安的诗仙和乐圣就是这样默契地合作,创造出传唱千古的华章韵事。可惜,李白的《清平调词》流传千古,而李龟年的"清平调曲"却成了绝响。

第 6 章
力士脱靴

①

李白自沉香亭回来,一下子红遍长安,不,准确地说应该是红遍了大唐。多少年来,他充满压抑的干谒之路终于成为过去,郁结于他胸中的怀才不遇的愤懑终于可以告一段落,一股扬眉吐气的快然之感,以及即将青云直上的得意,使他心情亢奋。

可是人生最怕热烈过后的冷清。自沉香亭赋诗之后,李白很快就恢复到"待"的状态,并没有迎来他所希望的君臣之间的"风云际会"。于是,他又"故地重游""故技重演",没事的时候就混迹于教坊和斗鸡坊之间。

我们每天排练之余，能够跟这位谪仙人为伴，也是说不尽的快活日子。李白不但会写诗，还会玩乐，是极洒脱、极豪阔的一个人。

每天世事如云，哪能一一全记下来，但有一件事我不会忘记，那就是李白跟我们讨论作诗。

那是一个多云的午后，我们在槐树下喝茶，李白显得浑身没劲，大概是没有酒喝的缘故。他让我把以他的诗作词的歌曲都一一唱给他听。后来子满也来了。李白一看正好，便让我唱歌，让子满舞剑。

李白让人去教坊的厨房里找来两坛子好酒，又掏钱让小厮去街上的松云斋买来熟食和点心，然后伴着我们兄弟的歌舞，自斟自饮起来。

其间休息的时候，他让我们哥俩也跟他喝两口。我们求之不得，能跟诗仙共饮，是许多人梦寐以求的事。

然后就聊到写诗这件事了。

李白把一盅酒一饮而尽，道："我最近新认识了一个人，此人写诗可是一流。我日前曾跟他饮了几杯，是极诚实可靠的人，他与我一见如故，倾心结交。"

我也饮了一口酒，道："这个人是谁，能入您的法眼，一定不简单！"

李白道:"此人叫杜甫,比我小十一岁,算是我的小弟了。"

我听后脑子嗡一下子,杜甫不就是诗圣吗?原来李、杜都赶上了大唐盛世,还有交往呢。我不禁自言自语道:"这可真是风云际会,'诗仙'碰上了'诗圣'。"

李白没听明白,就问:"六郎,你在那儿咕哝什么呢,什么仙啊圣啊的,说谁呢?"

我忙举杯相敬,笑道:"跟您说了,您也不知道!"

"别跟我卖关子啊,你知道我这个人,就怕别人跟我逗闷子,你要是不告诉我,今儿这酒我可喝不成了!"

"别别别,您别急啊,听我慢慢跟您说。"可是,我怎么说呢,告诉他我上学那个年代,他跟杜甫并称,号称"李杜",代表了唐诗的最高境界!他肯定会以为我是拿他开玩笑呢。

我思忖了一会儿,说道:"我说您好比'诗仙',那个杜甫好比'诗圣',你俩可都是作诗高手!"

李白哈哈大笑,问道:"你小子不老实,你倒说说看,我俩谁更高一筹?"

我面露难色，试探着说："这还真难说，您狂放飘逸，他沉郁恢宏，简直如两座高峰，他人难以企及。"

李白罚我一杯酒，道："你小子答非所问。"

子满过来敬李白酒，趁机给我解围，道："李大诗仙，你倒给我们说说，这作诗的平仄、对偶，一三五不论、二四六分明，这些规矩套路，到底要不要遵守？"

我也赶紧转移话题："是啊，我也纳闷呢，杜甫的诗作都是规矩分明、对仗严谨、平仄森然，但也都是上乘之作，可跟您写的那些诗风格不同。"

李白笑道："没想到你们小哥俩倒也用心。作诗嘛，有人要讲规矩，有人不讲规矩，我大概属于后者，但我也不是全然不讲规矩，大体的对仗和押韵，我还是会遵守的，要不然就不成诗了，但我却没有杜老弟那么严谨，我是随心所欲，只要意象在，我才不管什么平仄、对偶、用典、韵脚呢，好诗佳作都是灵感突发而至，哪还来得及掉书袋！"

我们鼓掌道："唐诗的至高境界就在于羚羊挂角，无迹可寻，您当真是做到了！"

杜甫写过《饮中八仙歌》，是把李白这位大哥看作仙人的，那是一种绝对的认可和崇拜。李白呢，把杜甫看作小弟，也算是一种认可，但却没有他在杜甫心中的地位高。

这也是事实，并不能因为后世把二人并称而产生假想的相互崇拜。

2

拜李白所赐，新一卷的《梨园杂录》终于成书了，新卷宗为上次沉香亭的乐舞传奇做了"专题报道"，内容是诗仙乐圣一相逢，便胜却人间无数——记沉香亭一次陛下亲自吹笛，贵妃娘娘都忍不住引吭高歌的赏牡丹花音乐盛会，里面用各种美词佳句，把吹捧功夫做到了极致。

这样的文章当然要呈天子过目，让他老人家高兴高兴，于是，李龟年和我带着新的《梨园杂录》进宫去了。

唐玄宗接过文章反复看了，一边啧啧称赞，一边道："不愧是梨园盛事，文章自来是千古事，岂不知这音乐也是千古事，可对于帝王家来讲，爱好音乐，可是要被后人唾骂的。"

李龟年道："陛下是一代圣主，何必在乎后世之人的说法呢？"

唐玄宗道："人言可畏。我也是在治国之余，自娱自乐而已，多亏了你们这些圣手引为知己，让朕不至于尘世寂寥！"

李龟年满怀感激，道："能被陛下引为知己，是臣几世修来的福报，将来就是为陛下死了，臣也心甘情愿，绝无怨言！"

唐玄宗笑道："大郎，言重了，我们好好的，谈什么生死！对了，今年的千秋节，我不想斗鸡了，我也烦了，我想起多年前咱俩就相约要赌一场羯鼓的，我想今年把这个心愿给了了。"

李龟年兴奋地道："太好了，我盼这一天盼了好久了，咱们一言为定！我回去要好好做准备，争取赢过陛下！"

唐玄宗大笑："六郎做个见证，你师父已经开始大言不惭了！"

我也跟着笑了。

君臣谈得正欢，高力士进来禀报："陛下，有西域使者前来觐见，说是有国书呈上！"

唐玄宗有些惊诧，问道："西域大小国家几十个，你说清楚是哪个国家？"

高力士一脸羞赧："我不懂西域话，他们叽里咕噜说个不停，我一句都听不懂。不过看他们的模样像是突厥人。"

唐玄宗大疑："突厥人？突厥人自太宗皇帝时归化大唐，

加之高宗、武后两朝的安抚之策，现在相安无事，怎么会突有使者来朝？"

高力士一脸愁容："陛下，看这些使者的脸色，必然来者不善，可惜语言不通，无法沟通。"

唐玄宗道："兵来将挡，水来土掩，快去叫杨国忠、贺知章等臣僚进宫，准备应对西域使者。"

李龟年忽然想起了什么，向唐玄宗陈奏道："我这位小徒，曾有西域生活的经历，可带他上殿，兴许有用。"

唐玄宗意外道："六郎曾在西域生活过？"

我当时好尴尬，我是在西域生活过，而且通晓匈奴语——大多数是甘父教我的（详见《历史少年——我在汉朝养战马》），但那是在汉朝啊，我要如实说出来，唐玄宗还不以为我大白天说胡话？于是，我只能撒个小谎："回禀陛下，臣幼年时，曾随父亲在西域居住，我父亲当时替安西都护府养马屯田。"

唐玄宗大喜道："想不到你还有这段经历，那你也随朕上殿吧。"

我还向唐玄宗举荐了李白，

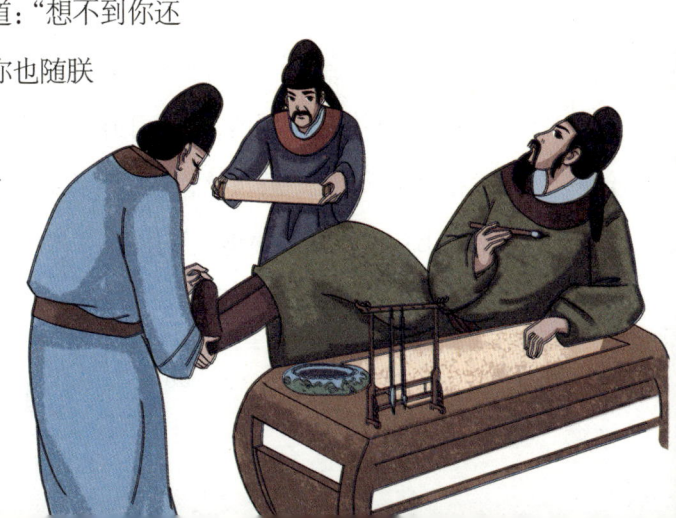

道:"陛下,您有所不知,李十二郎自幼也在西域长大,精通西域各种方言,不如将他也宣进宫来,没准能帮上大忙!"

唐玄宗点头:"我倒把他给忘了,快去唤来!"

③

等醉意未解的李白来到大殿的时候,正是唐玄宗和满朝文武大为尴尬的时候,面对这些说话叽里咕噜的外国使节,以及他们献上的一份国书,唐玄宗和满朝文武大眼瞪小眼,一字不识,一句不解,只能面面相觑。杨国忠作为丞相,额头上汗珠横流,却无计可施。

那些西域使者却趾高气扬,眼角眉梢之间都仿佛在说:"说什么堂堂天朝上国,人才济济,连周边邻国的语言都没人懂,真是丢人!"

李白上得殿来,看到这样的情形,不由得哈哈大笑。他先是走到杨国忠跟前,从他手中夺过那封国书,左左右右地看过了,又是一阵大笑,然后当着玄宗和群臣的面,当场把国书用西域话大声地读了出来。佶屈聱牙的,在场的唐朝人肯定听不懂,可是那几个西域使者听了,脸上轻蔑的表情消失殆尽,代之以惊诧和佩服。

李白略略跟使者们聊了几句,转身对唐玄宗说:"这是西域一个蕞尔小国递来的国书,意思是他们新换了国主,国家实力渐强,尤其是在前一阵子,他们打败了横行西域的突厥人,使得西域各国都相继归附,他们想让唐朝让出安西都护府的一点地方作为双方交往的诚意,否则就要兵戎相见。"

唐玄宗大怒:"简直是痴心妄想!我们在西域设置安西都护府就是为了维护西域和平,造福一方,怎么会屈从于这种军事威胁而割让土地呢!你告诉他们,绝对不行!"

李白又是一阵叽里咕噜,那些使者连连摇头,又是一阵叽里咕噜。

李白陈奏:"陛下,他们说如果唐朝执意不肯答应他们的要求,也请修一封国书,让他们带回去,以便完成他们出使的任务,也可作为两国交恶的证明。"

唐玄宗问道:"以爱卿之意如何?"

李白道:"陛下,这是小事一桩。我们对其晓之以理,许之可以互市交易,增进两国福祉,但也要正告他们,如果妄想打破西域平衡,那我大唐就要出兵征讨了,难道他们比突厥人和吐蕃人还强大吗?"

唐玄宗拍掌道："好！好！好！爱卿可会书写他国文字？"

李白点头："不难！"

唐玄宗道："就请爱卿当场修下国书，让他们知道大唐立场，切莫做侥幸之想！"

李白突然大笑道："陛下，国书我可以写，可是却有两个条件。"

玄宗诧异："说来。"

李白傲然道："外国文字十分难写，非常费笔墨力气，我需要杨国忠丞相为我磨墨，高力士为我脱靴，才能写得一封雄文，使外国觊觎之心消弭于无形。否则臣实在是拿不动笔，写不出字来。"

此话一出，杨国忠就心有不甘了，他擦了擦额头上的汗，大声呵斥道："李白，你算什么玩意儿，你想趁机让我堂堂丞相出丑吗？"

高力士也恼羞成怒："混账！我早就看出你小子有诈，让我给你脱靴，除非是我死了！"

我跟李龟年都替李白捏了一把汗，心想，这个骄傲的家伙，虽然早就对杨、高不满，认为他们窃据高位却不为朝廷着想，只是一味地满足私欲，可恨可恼，可是没想到在这个千钧一发的节骨眼上发力，这可是大大得罪了杨、高，而又狠狠地将了唐玄宗一军啊。

杨国忠和高力士都悻悻地望着唐玄宗，几乎异口同声地说道："陛下，李白无礼，挟制朝廷，根本不把陛下和臣等放在眼里，恳请陛下将其治罪！"

唐玄宗先是有些生气，后来释然一笑。他想，李白这样有大才的人原本就是傲气冲天的，现在他提出这样的要求，虽在意料之外，却也在情理之中。

他抱着看戏的态度地看了看杨国忠、高力士，摇了摇头，意思是说我也帮不了你们，然后道："你们俩还等什么呢，赶紧按李爱卿的要求来做吧。"

杨国忠和高力士虽然心里恨死了李白，但却不敢违拗唐玄宗，纵然千不甘万不愿，他们也只好俯下身去，给李白脱靴的脱靴，磨墨的磨墨。

好家伙！朝堂之上，众目睽睽之下，一个是位高权重的宠臣、一个是天子眼的红人，此时此刻却给一个文学侍从做低三下四的"贴身"服务，大家简直不敢相信自己的眼睛。

我跟李龟年心里倒是欢喜得紧，心想，这两个家伙平时作威作福的，一个仗着自己的妹妹是贵妃，一个仗着天子宠信，一手遮天，耀武扬威，现在终于有人出来教训他们了。

李白一看自己所提的条件得到了满足，向我招了招手，

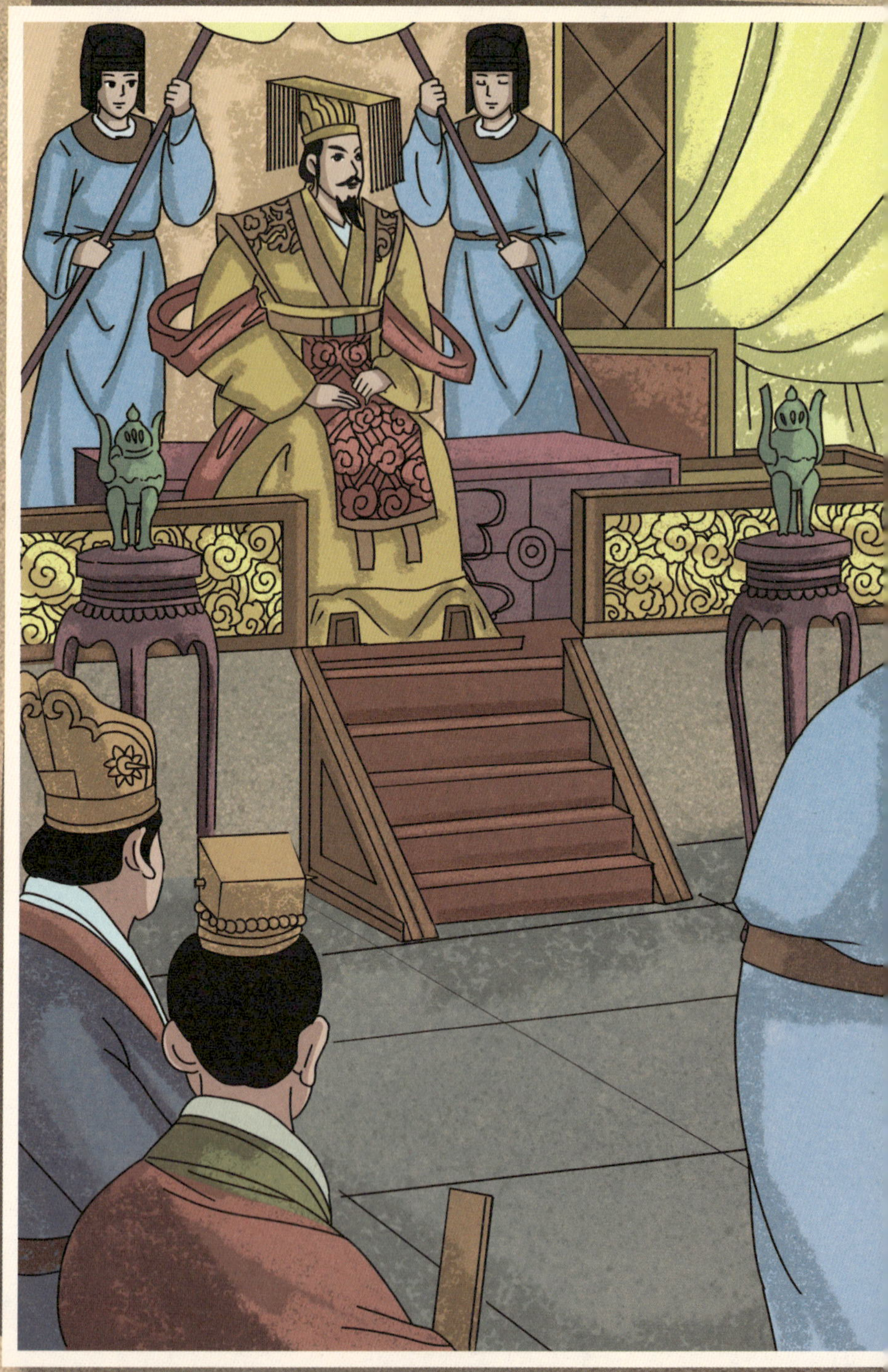

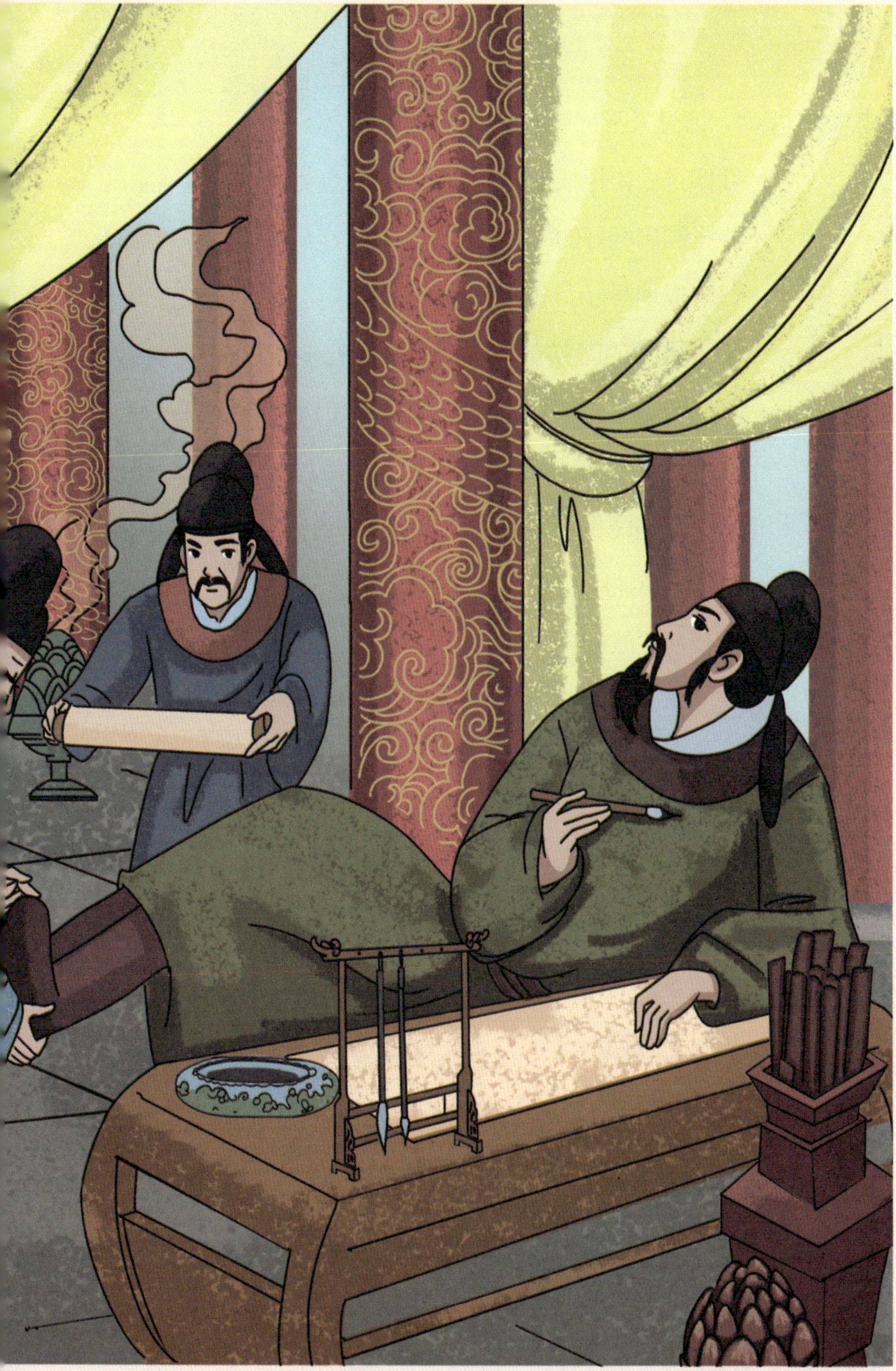

道:"六郎过来帮忙展纸!"

我跑过去,把纸铺好,然后李白就光着脚,拿着笔蘸满了丞相杨国忠磨好的墨汁,笔走龙蛇,洋洋洒洒,将一篇国书一气呵成地写好。

使者刚来的时候都没有向皇帝行礼,幸亏玄宗宽容为怀,没有介意。此时他们接过国书,前前后后看了一遍,之前那种傲慢和好斗的神情都荡然无存,而是满脸的钦佩和尊重,立即跪倒在大殿上,向唐玄宗道:"大唐陛下万岁,我们回国一定将陛下的意思对我国主言讲,劝他以和平为念,不要妄生战端!"

唐玄宗大悦。待使者离开后,他特意留下李白、李龟年和我,说是要一起用膳。

我是跟着沾光,对那次晚宴记忆尤深。当时,唐玄宗征询了李白对于国事的看法,李白意气风发,指点江山。后来,唐玄宗亲自给李白盛了饭,在李白吃饭的时候,还给他亲手调羹。

后来,在回教坊的路上,李龟年热泪纵横,对李白说道:"自我认识天子以来,获得他如此宠爱的,除了贵妃娘娘,大概就只有你了!"

第 7 章

羯鼓秋风

1

随着千秋节的临近，李龟年把心思都集中在打羯鼓上。他心知肚明，唐玄宗是打羯鼓的魁首，这并非帝王光环的烘托，而是实至名归，他自己也算个中圣手，但从未跟唐玄宗比试过。他们曾不止一次戏言要比试，可终究没能付诸行动。这次唐玄宗定于千秋节跟李龟年比试打羯鼓，看来是要动真格的了——唐玄宗最不喜欢有人在艺术上敷衍他。

李龟年在艺术追求上也从不含糊。他让我找来公孙大娘跟子满，商量练习打羯鼓的事。李白当时也在场。

等人都到齐了，一面装饰精美的羯鼓已经摆在堂前。

我跟子满从未见过如此精美的大鼓，于是忍不住走到近前，仔细观看。羯鼓悬挂在一个紫檀木的小牙床上的木架上，木架上还挂着黄檀木的鼓槌。看得出来，它的用料是山桑木，能工巧匠把山桑木围成漆桶形状，成为鼓身，然后用精炼得坚硬的铁皮箍整齐，防止鼓边上下不齐，鼓身的两边用山羊皮蒙住。

我们围着看了一圈，嘴里不住发出啧啧的称羡声，就算是在现代，要想制作这么精美的大鼓也很不容易。

李白笑道："你们看，两个小鬼看呆了！要不要我给你们科普一下羯鼓的历史？"

公孙大娘道："你跟他们说说吧，你最有发言权了。"

李白最有发言权？难道他也是击鼓的高手？我跟子满心里都很纳闷。

李白道："别忘了，我可是从西域来的，我从小就见过羯鼓。它本来就是从西域传到中土的，演奏风格也跟中土音乐不同。在龟兹、高昌、疏勒、天竺等地流行，因为鼓面是山羊皮蒙的，所以人们才称它为羯鼓。"

公孙大娘笑道："李学士就是李学士，果然渊博得很！"

李白道："大娘，你又拿我来取笑了。"

李龟年道："羯鼓是南北朝时期从西域传来的，到咱们大唐也有一两百年了。皇上最爱打羯鼓了。你们还记得吗？咱们的这位天子，亲自为羯鼓谱过一支叫作《春光好》的鼓曲，他演奏的时候，正值春初，含苞待放的杏花在欢欣鼓舞的鼓曲中，竟然悉数开放！"

李白赞道："真是奇事！还有呢，宁王的儿子李琎，小名花奴，也善于击鼓。据说，他曾在皇室家宴上演奏羯鼓曲《舞山香》，圣上看他头上戴着砑绢帽，就故意摘了一朵盛开的大红木槿花，放在他平滑的帽檐上。一曲奏毕，花竟然没有落下来。圣上大喜，直夸他是'真花奴'。"

公孙大娘道："羯鼓，不但适用于演奏急快节奏的曲目，还可以在战场上用作战鼓，为战士搏击杀敌助威。要是想在高楼上玩赏风景，在明月当空、清风习习之时，鼓声凌空可以传得很远，特性与其他乐器差异很大。"

我不禁叹道："难怪羯鼓能让皇帝这么喜爱。"

李龟年道："是啊，我也是爱得不行。我在改造唐乐的时候，考虑到羯鼓的特性，特意把它安排在乐队最前方或者最高处。"

我跟子满相视一笑："这不就是传说中的首席乐器

吗?后世交响乐里经常这么用!"

李龟年和公孙大娘都诧异地问道:"交响乐?什么交响乐?"

我们才知失言,赶紧转移话题道:"这对鼓槌也很霸道啊!"

2

李白哈哈一笑,道:"你们两个小鬼见识过什么,这算什么好鼓槌?好鼓槌得是花椒木的,花椒木紧实坚硬,最适合做羯鼓槌了。"

子满忽然兴奋地问道:"李翰林,你说的是真的吗?"

李白道:"当然啦,以前穷苦人家没有好木料,也有用狗骨头的,现在却也不多见了。鼓槌取料必须干燥,隔绝潮湿之气,使其柔韧而滑腻,敲出的鼓声才最清脆响亮,花椒木正合此道。"

子满忙道:"那太好了。前些天我去西市马坊的时候,路过昌明里,牌坊边上有棵花椒树,我问附近的老人,说是有上百年的树龄呢,可做得好鼓槌?"

李龟年兴奋地道:"别说百年了,花椒木能长到八十年算是罕见了，若真如那老人所说，那可真是难得的做鼓槌的好材料！"

李白突然道："六郎、九郎，你们兄弟俩不如去削两对鼓槌来，一对留给大郎用，一对献给天子，岂不是一桩美事吗？"

李龟年和公孙大娘也道："好主意！陛下必定欢喜。"

李龟年道："只是比试之日日益临近，六郎你们可要抓紧时间才行！"

事不宜迟，我跟子满立刻去了昌明里，找到那里的老人，说明来意。老人一听说是给皇上做鼓槌，二话没说，找来几个年轻人，从那棵百年花椒树上选了最粗的枝丫，用斧锯砍下来，把那些小枝小蔓都拾掇净了，又帮我们抬到木匠那里。

到了张木匠处，他原想为我们制作，可我们转念一想，这可是进献给皇上的鼓槌，还是我们自己来制作更加显得荣耀。于是在张木匠的指导下，我们哥俩挥洒汗水，锛凿斧锯，细心雕琢，足足花了半个月的工夫才把两对鼓槌做好。

当我们把这两对装在精美漆盒里的鼓槌拿给大家看时，大家都拍手叫好。李龟年当即就决定带我进宫，进献鼓槌。

唐玄宗正在练习击鼓，远远地就能听见雷震之声。 到

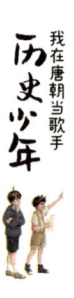

了近前，我们看见唐玄宗额头上冒出一层细细的汗珠，足见皇帝对这次羯鼓比赛的重视。

唐玄宗接过鼓槌，大为兴奋，道："羯鼓是八音之领袖，诸乐不可相比，加上六郎和九郎亲自削制的这对花椒木槌，真是绝配！大郎，你可要勤加练习啊，到了比赛那天，咱们各自努力，不可相让！"

回到教坊，李龟年跟公孙大娘说："这次皇上是要真比赛了，还说不可相让，我寻思着，寻常击鼓绝难取胜，只求大娘教我舞剑之术，我把剑术融入击鼓当中，兴许能占一二分先机。"

李白道："舞剑与击鼓有异曲同工之妙，若能互参，必定能相得益彰，互为精进！"

公孙大娘道："如此甚好，只是剑舞品类繁多，从何学起呢？"

李龟年沉思了一会儿，道："我记得有一套'裴将军满堂势'，你先将这套剑舞教给我，练熟之后，可再传别的。"

接下来的日子，李龟年过得异常紧张而充实。他一般是上午练舞剑，下午练击鼓，晚上还得抽出一个时辰来，研究如何将舞剑跟击鼓巧妙结合。我陪着李龟年练击鼓，子满呢，充当上午舞剑的教练，到了晚上，公孙大娘和李白也加入进来,讨论剑鼓如何合一,可把我们一帮人忙坏了。

有一天,我突然想到了一条妙计,就跟三位大咖说:"李学士不是写过一首名为《侠客行》的诗吗?"

子满很配合我,十分流畅地背诵道:

> 赵客缦胡缨,吴钩霜雪明。
> 银鞍照白马,飒沓如流星。
> 十步杀一人,千里不留行。
> 事了拂衣去,深藏身与名。
> 闲过信陵饮,脱剑膝前横。
> 将炙啖朱亥,持觞劝侯嬴。
> 三杯吐然诺,五岳倒为轻。
> 眼花耳热后,意气素霓生。
> 救赵挥金槌,邯郸先震惊。
> 千秋二壮士,烜赫大梁城。
> 纵死侠骨香,不惭世上英。

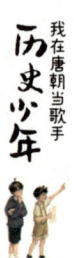

谁能书阁下，白首太玄经。

我继续道："这首诗千载之下，犹能让人为之欢欣鼓舞，为之慷慨激昂。如果能够按照这首诗制曲、编舞、练剑、击鼓，四方合作，岂不是开天辟地了！"

其实这招我也是跟别人学的，我读小学三年级的时候，老爸给我买了金庸先生的小说《碧血剑》，里面写到袁承志练剑，就是按照诗词书法的意境来的。我把这套方法搬到唐朝来，觉得兴许能帮到李龟年。

三位大师听了，果然击掌称好。于是，他们就按照我的主意演练，很快就新创了一套击鼓的技艺，既好看又中用，既具备了技击的力道，又展现了优雅的舞蹈之美。

刚开始练的时候略有些别扭，后来越演练越融合，到最后融为一体，剑道、舞道、鼓道在一片激越慷慨的乐曲声中，臻入化境。

3

千秋节那天，斗鸡坊依然喧闹不已，可人们关注的重点却从斗鸡转为赛鼓。街头传说已久的当今天子跟当今乐圣要在羯鼓上一较高下的日子终于到了。

斗鸡坊的广场上，高搭彩台。台子两边各安放着一尊羯鼓。这鼓是朝廷御制的，比李龟年在教坊练习时用的要大一圈，箍鼓的铁圈锃光瓦亮，鼓皮的四周还有黄丝绳拉住，为的是击打时能够定音，鼓槌要等击鼓之人上台后才发放。

台子边上另建有一个棚子，里面坐着几个人，人人手里都捧着乐器。有些我看着眼生，李龟年一一为我指点介绍，说道："六郎，这些人可都是音乐界的翘楚，那两个挨着坐的是弹琵琶的雷海青和贺怀智，那个枯瘦如柴的是拍板的黄幡绰，那个身材略胖的是弹箜篌的张野狐，那个苦瓜脸是操方响的马仙期，那个娃娃脸的是大名鼎鼎的歌者念奴……"

这些"神仙阵容"都是来为比赛助威的，如山似海的观众算是来着了，简直是大开眼界。

比赛尚未开始，台下早就人山人海，人人都伸长脖子、瞪大眼睛，准备一睹圣上和乐圣的风采。

吉时一到，唐玄宗和李龟年准时登台。

唐玄宗满脸的英气和傲气，对李龟年说："朕为了这场比赛，鼓槌打断了无数根，高力士把它们收起来，足足有四大柜，怎么样，你听了是不是有些胆寒？"

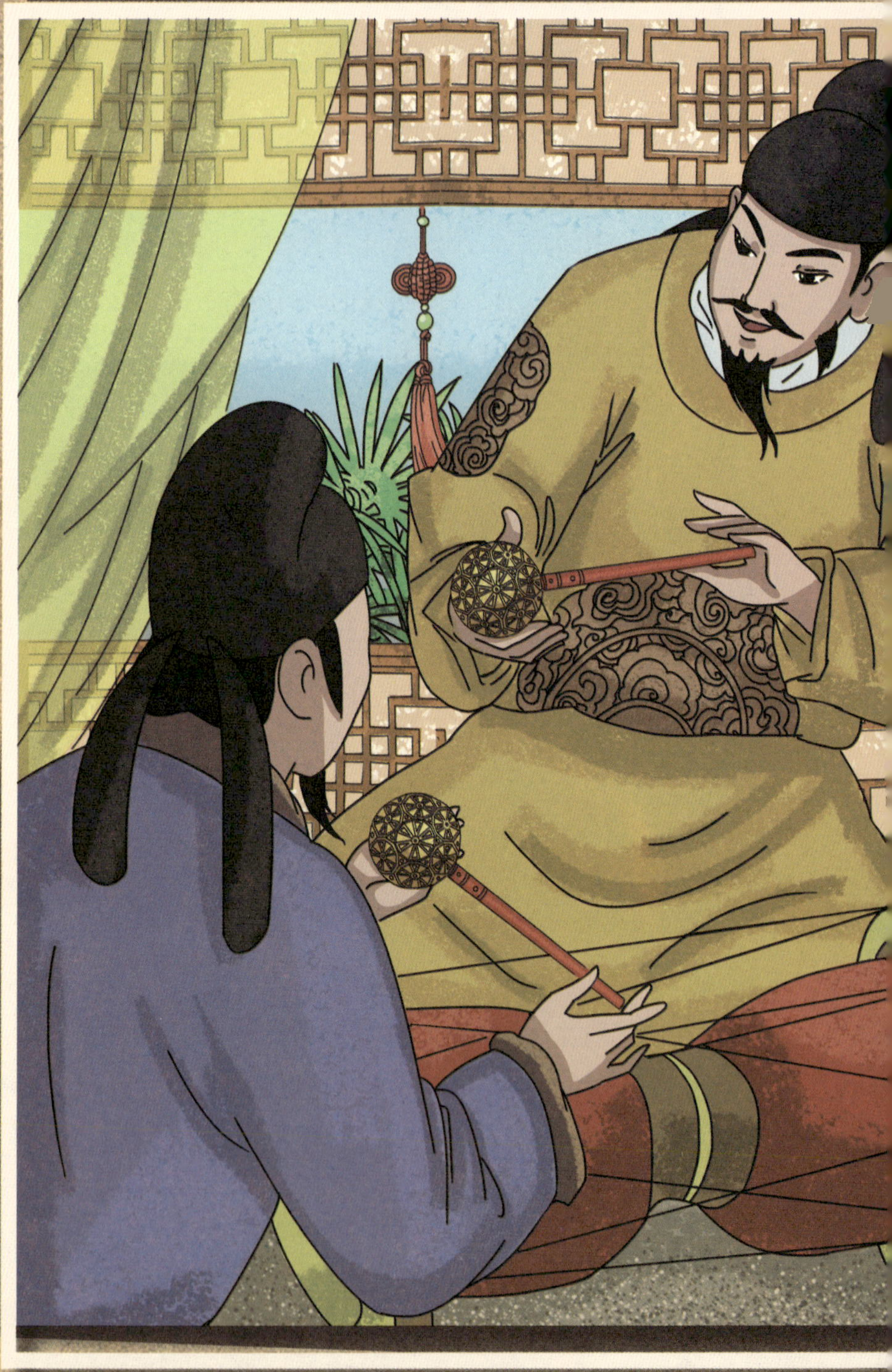

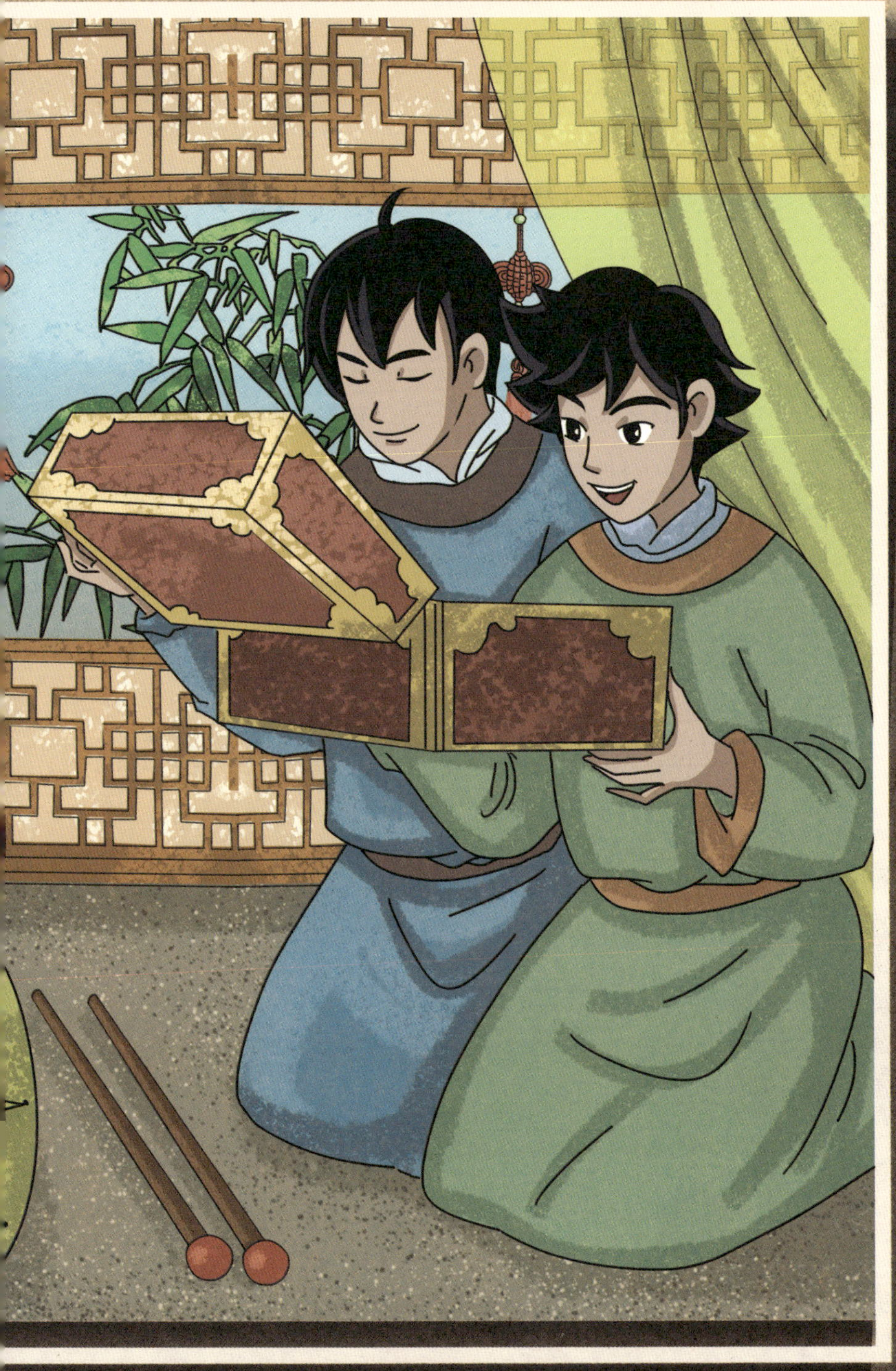

李龟年微微一笑:"陛下,您的鼓艺独步天下,这臣下真心佩服,可是打断那么多根鼓槌说明不了什么,敢于创新,才能取胜!"

唐玄宗一撇嘴:"这么说你有创新喽?"

"请陛下拭目以待!"

斗嘴无益,双方都铆足了劲,准备一试高下。高力士把比赛用的鼓槌发放到二人手中。我跟子满在人群中一看,正是我们献给皇上的那对鼓槌。

只见唐玄宗手执鼓槌,先是向人群晃了几晃,然后向着皇家啦啦队所在的方向挥舞鼓槌,寻求他们的鼓励和支持。

我们循着唐玄宗所指的方向望去,杨贵妃果然也来了,而且是盛装出席,此刻正在拼命鼓掌,为唐玄宗打气。她的旁边,站着一个大胖子,胖得有点过分,腆着肚子。这个胖子一脸谄笑,正跟着杨贵妃一起鼓掌。再往旁边是丞相杨国忠,或许是因为没有占到头排位置,正气鼓鼓的,还时不时地朝那个胖子咬牙切齿。

李白附在我耳边说:"那是安禄山!"

我惊得吸了一口冷气:"那个大胖子?"

李白鄙视道:"不是他是谁?听说这个家伙进京,认了贵妃娘娘做干娘,他的年纪可比贵妃大多了,你说他有多不要脸吧。还听说他舞跳得不错,深受贵妃娘娘的喜爱。陛下也爱得不行。杨国忠多次说安禄山的坏话,陛下根本就听不进去。"

我知道日后这个安禄山是要造反的,可是我不明白的是,既然唐玄宗这么宠信他,他为什么还要造反?我问李白:"既然陛下和贵妃娘娘都宠信安禄山,为什么杨国忠却恨得牙根痒痒?"

李白道:"这可就是'小孩没娘,说起来话长'了。容我日后再跟你讲吧。快看,陛下要击鼓了!你看见他们头顶上的花了吗?"

我往台上看去,两位参赛者的头上果然都戴了花。李白看我一脸懵懂,就告诉我说:"这花有讲究。击鼓最高的境界是手动头不动,丞相宋璟曾经道出击鼓的妙境:'头如青山峰,手如白雨点。'即指这头要稳如山,这手要疾似雨。这花就是检验参赛者是不是做到了头稳如山的。"

唐玄宗当场演奏的是《秋风高》,人、鼓、曲浑然一体,让人顿感秋之寥远宏阔、天高气爽。台底下的观众看得如痴如醉,尤其是那个安禄山,虽然大腹便便,怎么说也得有三百多斤,可是他为了取悦唐玄宗和杨贵妃,竟然原地起舞,把肥重的身躯旋舞起来,像个大陀螺似的,让人完全看不出这是个胖子在跳舞。

轮到李龟年上场的时候，我跟子满也来助阵。我负责吟唱《侠客行》，子满负责舞剑以配合李龟年击鼓。

那天的观众可算没有白来。有个豳州（今陕西彬州）的老人家，以前也是击鼓的，会演奏不下数百首羯鼓曲子，可是他活了这么大岁数，第一次见到以这种方式击鼓的。李白的诗动人心魄，李龟年的击鼓追魂摄魄，子满的舞蹈惊心动魄。一场鼓打下来，观众们都看傻了，忘记了呼吸，更忘记了鼓掌。最后还是那位老人家，用一声苍老的"好"字，打破了当场的寂静，这时人们才想起是到了为这么精彩的击鼓而鼓掌的时候了。

台下潮水般的掌声响了起来，一波又一波。就连唐玄宗和杨贵妃，甚至那个安禄山，都忍不住站起来鼓掌，完全忘记了他们竞争对手的身份。

第 8 章

赐金放还

①

当新一卷《梨园杂录》呈送给唐玄宗看的时候，距离羯鼓比赛已经过去了一个多月的时光，但比赛当天那种酣畅淋漓的感觉久久萦绕不去。他翻开杂志，一篇特约评论员的文章占了很大篇幅，署名为"李白"。

又是这个李白！唐玄宗十分好奇，把那篇文章仔细看了，心中升起一股钦佩之情，心想，一定要好好重用这个李白，真是不可多得的人才。

可是他又有点不满意，在这篇汪洋恣肆的评论文章里，重点谈到了鼓曲《侠客行》的创作过程，虽然堪称"天来之笔"，但对于唐玄宗高超的击鼓技艺所谈并不多，即便是提到，也多是一笔带过，没有给予应有的赞誉和讴歌，这使得唐玄宗略有不爽。

高力士在旁边侍候。他是个老奴，皇上的面部表情哪怕有那么一丝一毫的变化，他都能迅速地捕捉并解读，从而做出让唐玄宗满意的举动。他自从见到李白后，就对其十分厌恶，再加上前不久在大殿之上，竟然让他当着满朝文武和外国使臣的面为李白脱靴，真是奇耻大辱。从那天起，高力士就发誓，只要有机会，他就要置李白于死地。

高力士看出唐玄宗有些不高兴，就进言道："这篇文章刚呈进来的时候，我也略看了几眼，还说是持论公正呢，我看简直就是给李龟年写的一篇赞歌，哪里把陛下放在眼里？"

唐玄宗笑道："你也太敏感了，我看倒也没什么。这个李白是个大才，我还要重用他呢！"

高力士连连摇头："陛下，您不杀他已是他的福分了，还要重用他？这厮终日无所事事，游手好闲的，喝完了酒就醉醺醺地往斗鸡坊一钻，还因为斗鸡跟人打过架。"

"这是他放浪不羁，但凡他们这类人都有些桀骜不驯，否则也难成大才。"

"还是陛下宽宏大量，依我看，这个李白反骨横生，傲慢侮上，不把陛下放在眼里，将来若是重用他，恐怕也要给陛下惹麻烦。"

"李白恃才傲物也是有的，我们用其长、防其短也就是了。"

高力士一看唐玄宗并未流露出厌恶李白的意思，就跑到杨贵妃那里说李白的坏话，正赶上杨贵妃在寝宫里让宫娥们演乐舞，吟唱李白为她谱写的《清平调词》。杨国忠也在一旁侍候。

高力士行礼如仪，满脸奸笑，道："老奴原本以为娘子听了李白的小调会怨入骨髓呢，谁知道竟这般欢心！"

杨贵妃不明白他这话是什么意思，就询问缘由。

高力士阴阳怪气地道："'可怜飞燕倚新妆'一句，赵飞燕出身低贱，李白用她来比拟娘子，居心何在？"

杨贵妃也是知道点历史的，赵飞燕和赵合德姐妹惑乱汉成帝的故事，她早就耳熟能详。她先前只以为李白把自己比作赵飞燕是一种赞誉，因为赵飞燕的姿色在历史上是数一

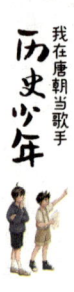

数二的,当然是在夸赞她的美貌了,可她完全没想到还有"飞燕祸国"这一层意思在里边。经由高力士一提醒,她突然也觉得李白不怀好意了。

杨国忠在旁也添油加醋地说:"李白把娘娘比作赵飞燕,赵飞燕是什么东西,怎么能跟娘娘相提并论,何况赵飞燕姐妹那些秽史,为后人所不齿。现在娘娘跟姐妹们都在天子面前获宠,他竟如此比拟,真是居心叵测!"

杨贵妃越琢磨越觉得是这个意思,因此完全扭转了对李白的好感,变为一种切齿的怨恨。

有一次,她跟唐玄宗一起用膳,唐玄宗提及要授官给李白,她当时就小嘴一噘、小脸一嘟,满面娇嗔,生生让唐玄宗打消了那个"很不恰当"的想法。

此后,杨贵妃把枕边风吹得猛猛的,把李白说得一无是处。一来二去,搞得唐玄宗对李白也失去了好不容易积攒起来的好感,最后在杨贵妃、杨国忠和高力士的联合剿杀下,李白接到一道圣旨——他被赐金放还了。

放还也就罢了,大不了就如同没来过长安一般;赐金就有点侮辱人了,李白是那种缺金少银的人吗?

可怜的李白再次梦碎长安。

2

为了安慰失落的李白，我们聚在教坊中狂饮，一浇心中块垒。

李龟年吩咐小厮，打开地窖，把他珍藏多年的佳酿尽数搬了出来，今天要跟李白斗酒，一醉方休。公孙大娘也为李白感到不平，要陪着李白大醉。

原本应该最沮丧的李白反倒一反常态，酒虽然喝了不少，但却从头到尾保持着清醒——一种看透造化弄人后的痛苦清醒。

李龟年举杯劝他道："十二郎啊，自古伴君如伴虎，这一刻高兴了，怎么都好，下一刻恼了，什么都不是。翻脸比翻书还快。况且自从姚崇、宋璟罢相后，李林甫、杨国忠相继为相，国事已不堪问，表面上虽然过得去，内里却不是那么回事了。"

公孙大娘道："我们这些乐人，虽说身处教坊梨园，但却忘怀不了朝廷。要不是天子这么重视乐舞，我们到老死也不会有这样的待遇。所以我们都希望天子好、朝廷好。可是，近来奸佞当道，那个杨国忠是个什么玩意儿，就仗着

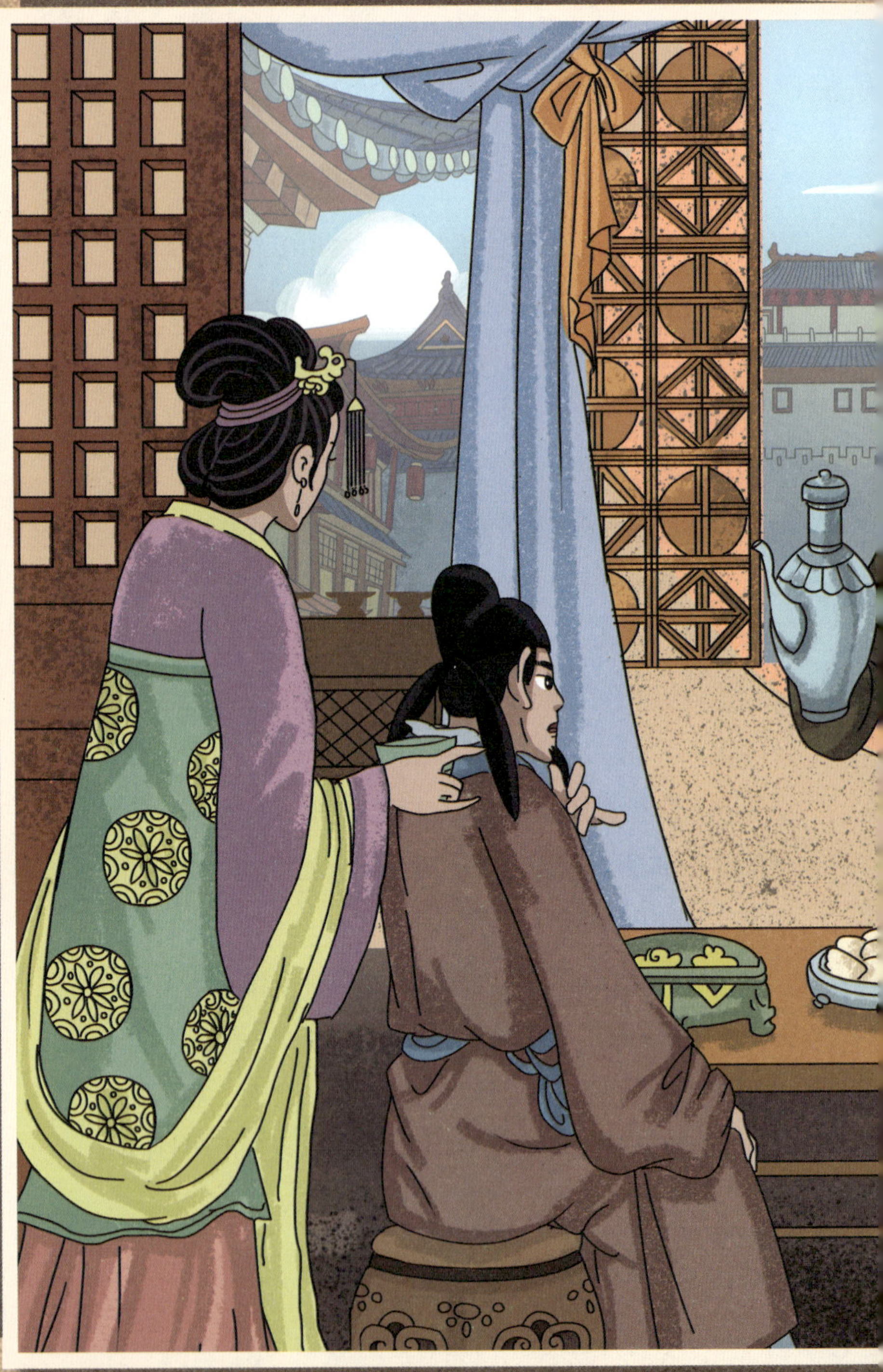

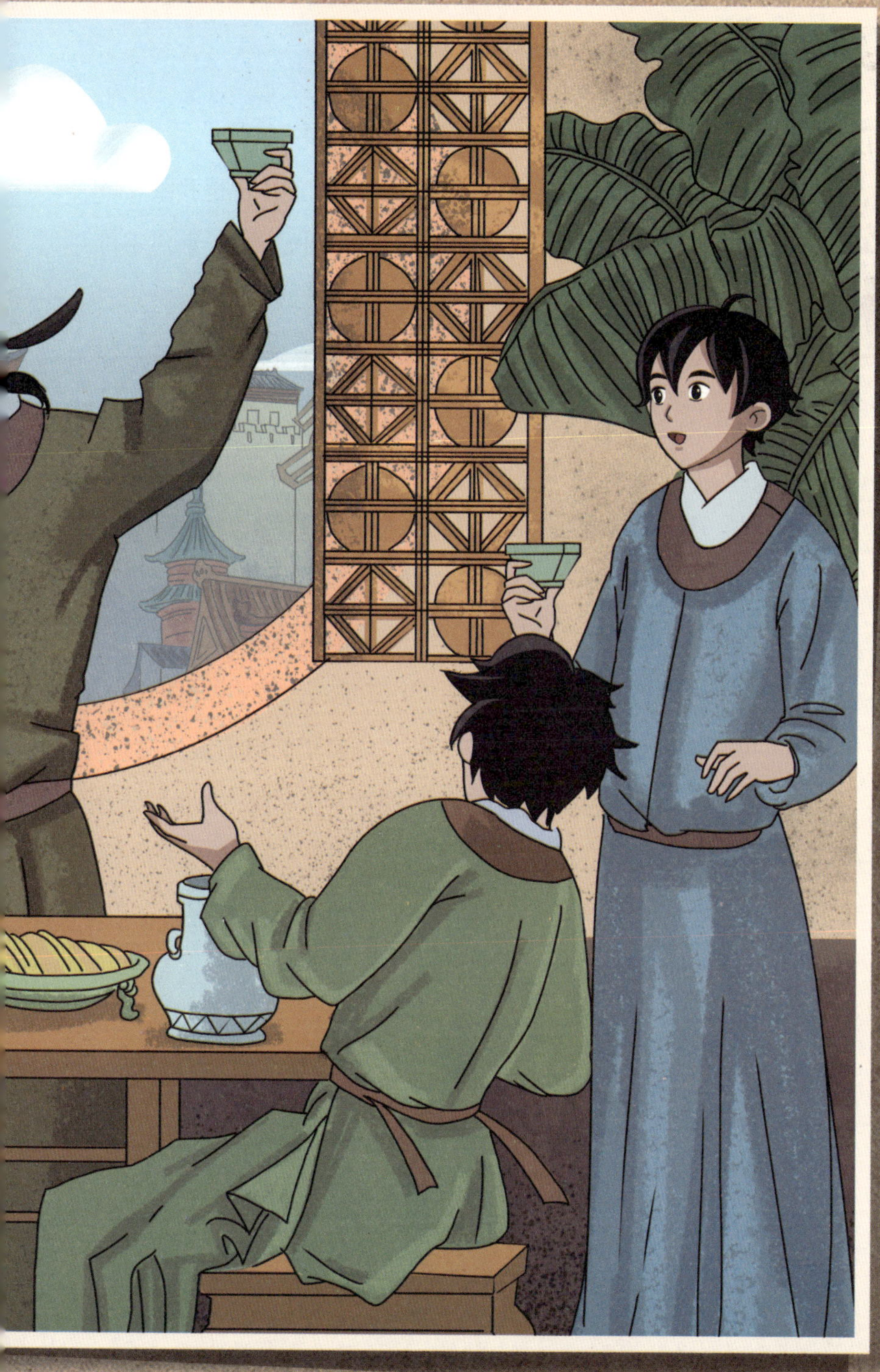

妹妹受宠,把持相位,瞒上欺下,把国事都搞乱了。"

李龟年忽然想起一件事来,道:"你们还记得我跟陛下比赛打羯鼓的时候,有个大胖子站在杨贵妃旁边,骄纵不可一世吗?"

李白道:"如何能忘?那不是贵妃娘娘的干儿子安禄山吗?"

公孙大娘把嘴撇得高高的:"真是无耻,没处拜干娘了吗?拜一个比自己小几十岁的女人当干娘!"

李白不屑地道:"这你就不懂了,杨贵妃现在三千宠爱在一身,在皇上面前说一不二,安禄山当然要喊娘了。"

李龟年把声音放低了道:"十二郎,原来我也不想说的,可是怕你被放还了还蒙在鼓里。据宫里的老监裴力士说,高力士和杨国忠在杨贵妃面前说了你不少坏话,杨贵妃恼羞成怒,才在皇上耳根子底下诋毁你。"

公孙大娘道:"这位裴力士原来也是皇上身边的宠监,因为得罪了高力士,才被排挤的,他讲的话应该是不会错的。"

李白悲戚地道:"那些都不重要了。最终还是皇上不肯信我,这就是我的命。长安我也不打算再待下去了,长安月圆,长安梦碎。我决定明日就动身,周游列国,远离魏阙。"

李龟年道："也好，大丈夫志在四方，何必死守长安呢。不知十二郎此去，要前往哪个方向？"

李白浮一大白，道："世人都说这个安禄山早晚要造反，我就到他的老巢幽燕之地去转转，登临怀古，感受一下塞北风光。"

李龟年拍手道："太好了。不瞒你说，我也有意让六郎去燕地采访一番，如此不如你们同行，互为照应，岂不更好！"

李白惊诧地道："你让六郎到燕地采访什么？况且现在六郎如你的臂膀一般，你怎么舍得让他远游？"

李龟年饮了一杯，道："我想效法古贤，采访收集各地民歌，回来编纂《乐府会典》，我手底下得力的人不多，只有六郎可堪此任，我虽然离不开他，但为了乐坛盛举，我也只好暂时与他割舍了。"

我一听，也顿感意外，可是想到这是盛举，就来了精神，道："师父，您放心，我一定不辱使命！"

李龟年摆手道："你办事，我是放心的，你顺便陪着李学士好好地游历一番，这对你提升音乐素养也是大有裨益的。"

第二天，大家洒泪而别。

李龟年道："你们放心去吧，要常写信回来。"

子满也惶惶着想跟我们同去。我把他拉到一边，悄声告诉他："你当我真是去采风吗？实话跟你说，昨晚李龟年告诉我实情，他担心李白想不开才让我同行的，顺便采采风。况且燕地现在一片混乱，十分危险，咱俩不能都涉足险地。你好好待在长安，把剑舞练好。老哥听说，一个叫怀素的和尚，善写草书，看了你在彩台上舞剑，回去写了《苦笋帖》，震惊天下！你看你的影响有多大，可别懈怠了！"

子满听了很受鼓舞，虽然十分不舍，但却不再提同行一事了。

3

我跟李白迤逦北上，出潼关，越太行，二十来天就抵达易水河畔。

易水汤汤，东流而去。李白慷慨感叹道："不管人世怎么变换，大江大河都奔流不息，昔日王勃曾言：'闲云潭影

怀素《苦笋帖》

绢本墨迹，两行十四字。书法俊健，墨彩如新，直逼"二王"书风，是怀素传世书迹中的精彩之笔。清吴其贞《书画记》评："书法秀健，结构舒畅，为素师超妙入神之书。"

现藏于上海博物馆。

日悠悠，物换星移几度秋。阁中帝子今何在？槛外长江空自流。'想这易水河畔，在战国时，出了一位壮士，名叫荆轲，他受燕太子丹的感召，携图入秦，图穷匕见，最终血溅秦廷，好不壮烈！"

我当时十分想告诉李白，曾几何时，我也曾在这易水河畔会过荆轲，还有那位击筑的高手高渐离，他们在商社里知音相赏，却没钱买单，那时我为秦王奔走效力，替他们付了钱，从而成为朋友，后来我又亲眼见证荆轲刺杀秦王，被乱剑砍死。

可是我说这些有什么用呢，又有谁肯相信呢？

李白买舟渡河，在船上跟我说："过了易水河，有一处古迹，叫黄金台，我们一定要去看看。"

"黄金台？"我歪着脑袋想了想，似乎我在很多古诗词里都读到过黄金台，但具体是什么典故，我却记不起来了。

李白告诉我："这黄金台跟荆轲的事相去不远，是个典故。在战国时期，燕昭王想要富国强兵，却苦于没有人才。他的智囊郭隗就给他讲了一个'千金买骨'的故事。说是有一国君愿意出一千两黄金去购买千里马，然而时间过去了三年，始终没有买到，国君一手下愿意带着黄金去购买千里马，又过了三个月，好不容易发现了一匹千里马，马却死了。派去买马的人用五百两黄金买了千里马的马骨回来。国君非常生气：'我要的是活马，怎么花这么多钱买一匹死马的骨头呢？'不想买马的人却告诉他：'您舍得花五百两黄金买死马骨，更何况活马呢？此举必然引来天下人争相为您提供活马。'果然，没过几天，就有人送来了三匹千里马。"

我有所感悟："这个策略挺好，肯花千金买马骨，一定不会吝惜更多的黄金来买千里马，这样信用就有了。"

李白颔首道："是啊，郭隗也正是这个意思。他告诉燕昭王，你要招揽人才，首先要从招纳我郭隗开始，像我郭隗这种才疏学浅的人都能被国君重用，那些比我本事更强的人，必然会闻风千里迢迢赶来的。"

"这个郭隗是要充当马骨了！"

"没错。燕昭王采纳了郭隗的建议，就为其建造了黄金台。后来没多久就引发了'士争凑燕'的局面。投奔而来的有名将乐毅、阴阳家邹衍、纵横家剧辛等，从此，落后贫穷的燕国一下子便人才济济。一个内忧外患、满目疮痍的弱燕，演变为一个富裕兴旺的强国。接着，燕昭王兴兵攻齐，乐毅接连拿下齐国七十余城，齐国几乎灭国，只剩下即墨和莒两座小城。"

"那后来齐国怎么样了？"

"十余年后，齐国大将田单反攻被燕军占领的聊城，久攻不下，死伤惨重。有一位叫鲁仲连的名士，写了一封信射给聊城守将，劝他弃城，保存兵力，或者干脆降齐。守将看了信非常犹豫，不能做出抉择，自杀而死。聊城便被齐国占领。鲁仲连不愿接受齐国的封赏，又逃隐海外。"

"我知道了，你的那首《古风》就是写的这件事。我背给你听啊，'齐有倜傥生，鲁连特高妙。明月出海底，一朝开光曜。却秦振英声，后世仰末照。意轻千金赠，顾向平原笑。吾亦澹荡人，拂衣可同调'。"

李白心情顿时陷入沮丧："我倒是想跟鲁仲连同调，可是哪有机会啊！"

我们正在闲聊之时，忽然远处烽烟滚滚旌旗招展，旗上鲜明地写着"平卢""范阳""幽州""安"等字号，军威甚壮。

我们登上黄金台，举目一看，才知道是安禄山的军队在练兵。那些兵卒骁勇凶悍，明知道大路两旁是老百姓的庄稼，麦苗正在茁壮成长，他们还肆无忌惮地到处踩踏。不一会儿的工夫，麦苗被践踏不知多少，那些军官还肆意大笑，毫无顾惜之意。

我跟李白看了都大怒，可是"秀才遇到兵，有理不清"，只恨这个安禄山不约束部属，任由他们胡作非为，实在可恶。

李白切齿道："安禄山这厮，别怪杨国忠说他日后必反，我看着实有些跋扈，皇上宠信这样的人，朝廷将来不乱才怪呢！"

第 9 章
征雁频飞

①

初冬时节,长安飘起了一场小雪,细碎的雪花把这座大都市装点得银装素裹。教坊里把红泥火炉搬出来,生上火,摆上茶。李龟年坐在炉边一边烤火喝茶,一边读着李白从燕地寄来的信。

信上说:

大郎:

见字如晤,一切安好。一别月余,想来长安已是初

冬。燕山一带已经是大雪纷飞了。燕山雪花大如席，我还是头一次见到这么大片的雪花，或许西域的雪花更大些吧，不过我年龄很小时就从西域搬到了成都，不记得西域雪花的模样了。

六郎也一切都好，不用挂念。他告诉我，他的籍贯就是燕地，正是平卢节度使安禄山的辖地。我还以为这小子真的跟我是老乡呢，却原来是燕人。

自古燕赵大地，多慷慨悲歌之士，这话一点没错。我们路上遇到的人，大多豪爽侠义，少有忸怩之态，人人行侠仗义。刺客荆轲的故事广为流传，被这里的人引以为傲。

我跟六郎还去了黄金台。前辈陈子昂曾经赋诗："前不见古人，后不见来者。念天地之悠悠，独怆然而涕下！"鲍照诗曰："岂伊白璧赐，将起黄金台。今君有何疾，临路独迟回。"说的都是这个地方。如今已沦为一座土丘，不过气势犹存，我们登上高台，远眺山河，感慨万千。我也因感写了两首小诗，附在信后，供你谱曲歌咏吧。

说起这个安禄山,我倒是十分担忧。我们在燕地腹心的范阳游历,亲眼见识了安禄山在范阳郡北边燕山脚下修造的雄武城。这座城池正如其名,既雄且武,气势相当雄伟,构造十分严整,在北方边境来说,绝对首屈一指。但是这座城池有问题,表面上看是为了防御契丹而建的一座防御工事,实则里面是安禄山的武库和粮仓。他还有一个大养马场,据六郎估算,里面至少养了一万五千匹骏马和同等数量的牛羊。

虽然我不知道六郎怎么能测算得如此精准,不过我是相信他的,从进进出出雄武城大门的那些马群、牛群、羊群来看,从一簇簇新打造的弓兵器械来看,安禄山的确正在积蓄力量,谋反是确定无疑的了。只不过现在是"咬人的狗不露齿",准备不足,等待时机罢了。

这可不是我危言耸听。我们在范阳城的一个小酒馆里,遇到几个安禄山的军官在那里喝酒。他们喝得醉醺醺的,说了些重要的情报。首先是安禄山把他节度下的军队将领大部分换成了他自己的亲信,朝廷派过去的军官大多遭到了裁撤;其次,大规模的军队操演已成为范阳一景,练兵和阅兵隔三岔五就要进行,要不是有重大的军事行动何至于此?最后,安禄山身为平卢、范阳、河东三镇节度，控制边镇，对朝廷索求无度，朝廷无不满足，正所谓欲壑难填，一旦得不到满足，恐怕就要心生反意了。

还有一个重要消息，听那些喝醉酒的军官说，安禄山最不喜欢杨国忠了，说杨国忠老是在皇上面前说他的坏话，还说有朝一日一定要让杨国忠好看。

这些消息，如有可能，可找可靠之人转达，以引起皇上的重视。

好了，不啰唆了，下面是我登黄金台，有感而发写的两首小诗，不过是些触景伤情之作，能用则用，不能用则弃之吧。

其一曰《行路难》

大道如青天，我独不得出。

羞逐长安社中儿，赤鸡白雉赌梨栗。

弹剑作歌奏苦声，曳裾王门不称情。

淮阴市井笑韩信，汉朝公卿忌贾生。

君不见，昔时燕家重郭隗，拥篲折节无嫌猜。

剧辛乐毅感恩分，输肝剖胆效英才。

昭王白骨萦蔓草，谁人更扫黄金台？

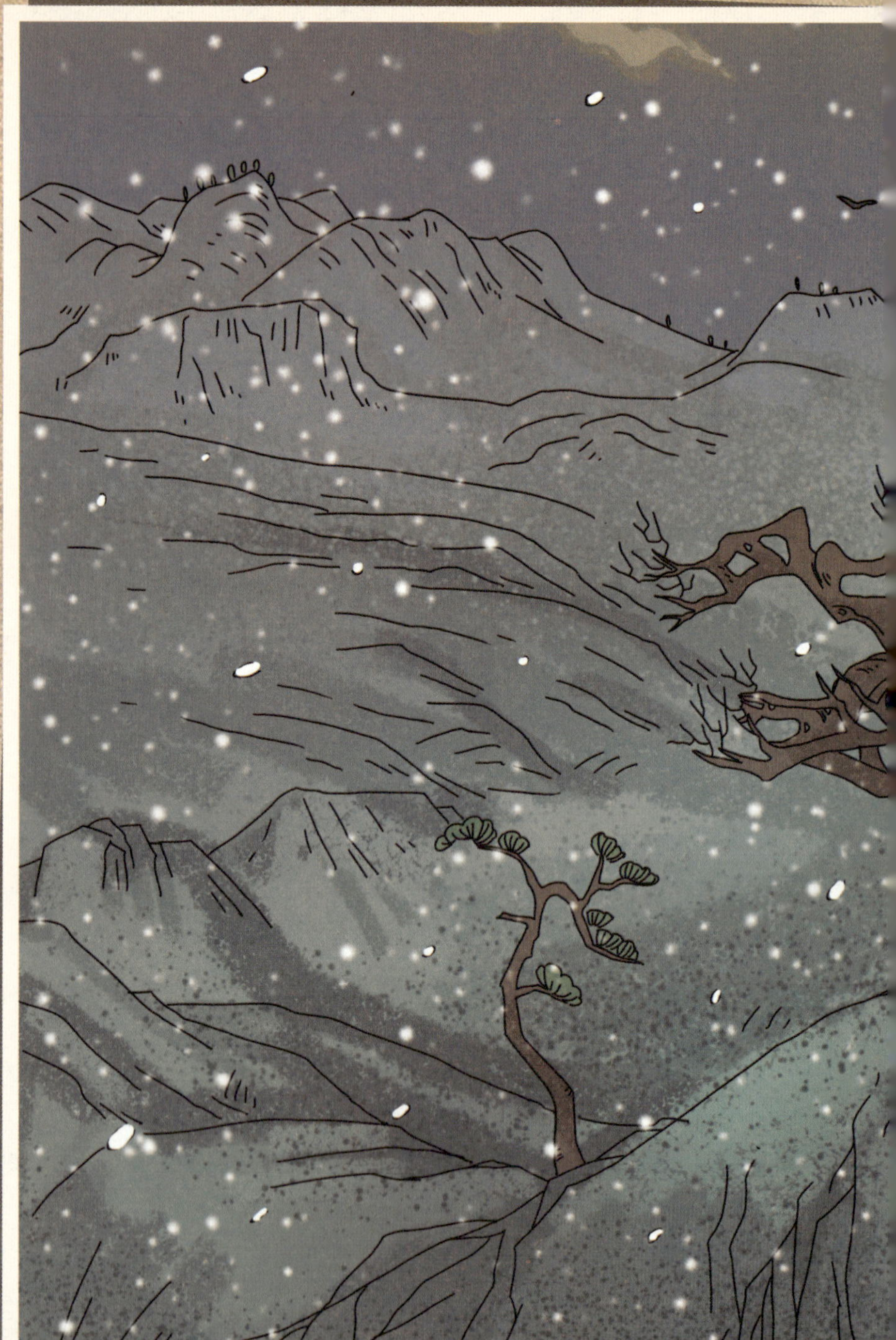

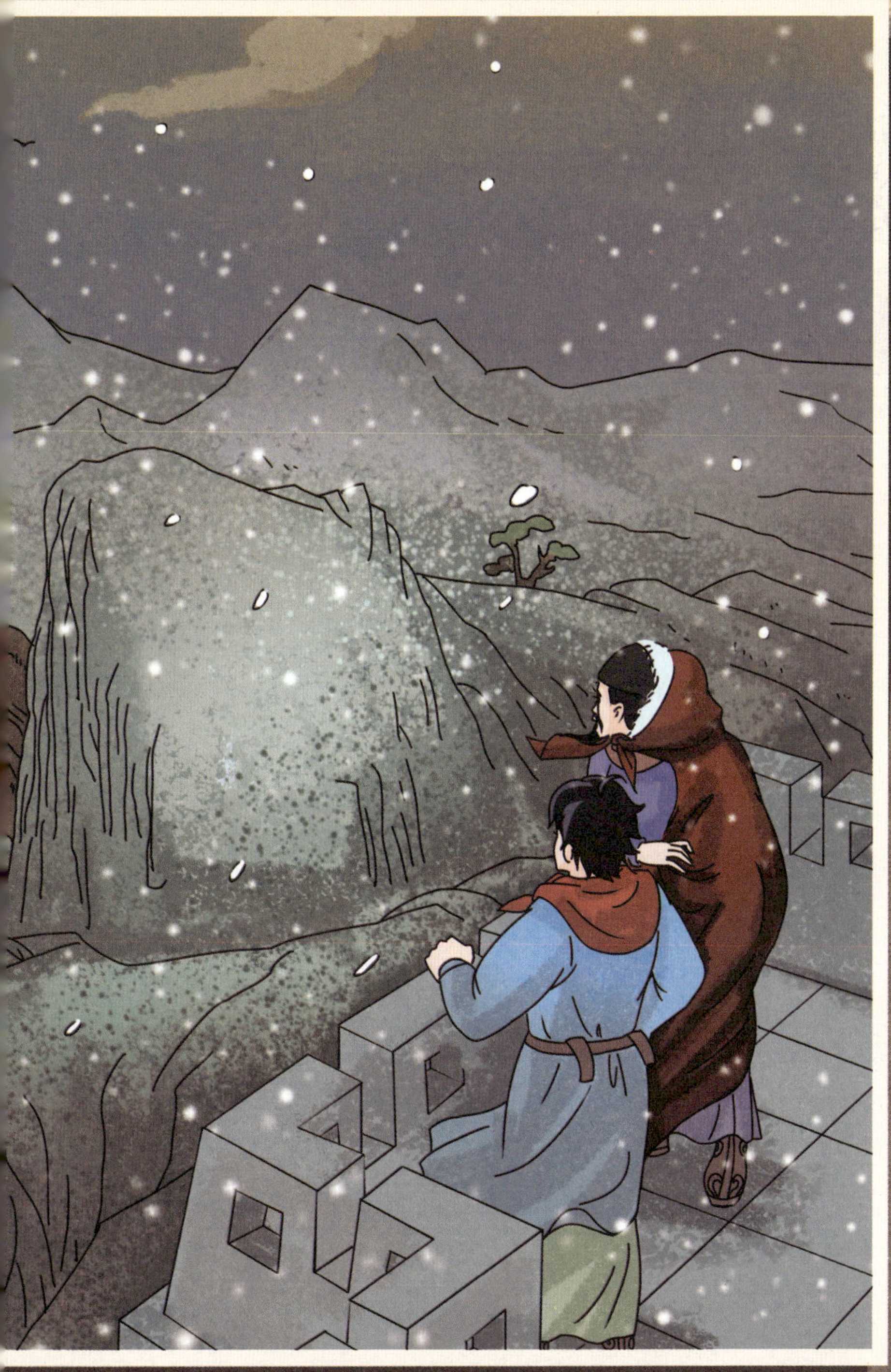

行路难，归去来！

其二曰《古风》

燕昭延郭隗，遂筑黄金台。

剧辛方赵至，邹衍复齐来。

奈何青云士，弃我如尘埃。

珠玉买歌笑，糟糠养贤才。

方知黄鹄举，千里独徘徊。

我这辈子是做不了郭隗了，可惜皇上也不是燕昭王。我空有一腔报国之志，可是谁又能知晓，谁又能起用呢？

这难道就是我的命运吗？

我实在心有不甘。

顺祝大安，六郎也向你们致意！

李十二

2

李龟年把李白的信反反复复看了不下十遍，对李白的遭遇和他的拳拳爱国之心有无限感慨。他沉吟再三，然后铺纸挥毫，给李白写了回书，把最近长安发生的一些事告诉了李白。回信上说：

十二郎：

　　知你跟六郎一切安好，我心甚慰。你信上所说政治上的事，我也不懂，只是内心里觉得安禄山要闹事，你的意思我会找机会传达给皇上，设法引起他的警觉。

　　长安一切都好，刚刚下过一场小雪。你的诗作我都看了，佩服得紧，不是我当面奉承你，论写诗的功力，你已是打遍天下无敌手。我过一阵子就把它们谱成新曲，恐怕又要引起轰动。

　　告诉你，新一卷《梨园杂录》的主题定了，要做"霓裳羽衣"的专题，皇上和贵妃娘娘，以及公孙大娘和九郎子满，都要参与进来，待我详细跟你说说。

　　《霓裳羽衣曲》原本是西凉音乐，"霓裳羽衣"并非它的原名，其原名已不可考稽。天宝初年，河西节度使杨敬述进京述职，将来自西域的一个神秘曲谱当作礼物献给皇上。皇上十分高兴，他发现所献曲谱堪比仙乐，热烈豪放，汪洋恣肆，跟典雅中正的中原音乐大异其趣,就将之定名为《霓裳羽衣曲》。

命名之后,由于国事繁忙,钻研曲谱的事情就搁置了,谁想这一搁就是数年时间。近来,皇上让高力士翻检旧档,无意中找出《霓裳羽衣曲》来。皇上又突然来了兴致,把我跟公孙大娘召进宫中,连同贵妃娘娘一起,连续工作了几昼夜。经过不断地加工润色,兼收西域、中原两种音乐的不同风格,再结合各自的心得体会,我们创制出一种与原曲有别但更胜原曲的新版《霓裳羽衣曲》。

新曲谱好后,皇上责成公孙大娘和九郎子满排演,贵妃娘娘当然也要亲自下场,充当重要的角色。其中有一个细节,我可得告诉你,你听了一定会担忧的。

新曲的舞蹈编排,贵妃娘娘提出来,由于其具备浓郁的异域风格,领舞者要用具备胡舞功底的人来充当,这样的话,江南秀美雅致风格的公孙大娘就被排除了，她只能作为编舞导演，主持整个《霓裳羽衣曲》舞蹈的编排和训练，不再充当领舞。

那么领舞的人选是谁呢？讨论来讨论去，最终还是贵妃娘娘的意见被皇上采纳，擅长旋舞的胡舞高手安禄山被指定为新的领舞。当然，这还没有得到安禄山的同意。不过，皇上让他来领舞，他再怎么说也不敢推脱。

我好奇的是，这个三百多斤的胖子为什么旋舞跳得那么好呢，就连皇上和娘娘都为之倾心不已？这也正是安禄山的过人之处。

听说，过些天皇上就要征召安禄山进京了。

我想如果这个时候我跑去跟皇上说安禄山要造反，皇上估计无论如何也不会相信的。朝廷上的事我多少还知道一点，贵妃娘娘的哥哥杨国忠几乎天天都在皇上耳根子底下说安禄山要造反，唾沫都快说干了，可是皇上压根儿就不信。

皇上就是相信天会塌下来，也不相信安禄山会造反。贵妃娘娘也一样，她对她的这个干儿子可是青睐有加，上次羯鼓比赛你还没看出来？那左一声娘，右一声妈的，我都不好意思了，我还是头一次见识如此厚颜无耻之人。

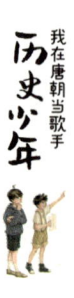

好了，不跟你们多说了，都是些无关紧要之事。总之，你在塞北边境要多多保重，照顾好六郎，督促他别荒废了课业，他回来，我可是要检查的。

另及：公孙大娘托我代为问好，说她一切都好，不用挂念，照顾好你们自己就好。九郎子满说自己要给哥哥写信，顺祝你大安。

大郎

3

正如李龟年信中所写，子满最近协助公孙大娘编排《霓裳羽衣曲》，忙得不可开交，足足忙了一个多月，排演的事才进入正轨，他终于抽出空来，给我写了一封信。

老哥：

好久不见！这么久才给你写这封信，估计又要被你骂了。可是，我也没有办法啊，我天天忙得团团转，要不是这两天放假，我还没空给你写呢。

你在安禄山的老巢一切都好吧，他最近到长安了，终日跟我们这帮跳舞的厮混，偶尔贵妃娘娘也过来。皇上跟贵妃娘娘可喜欢他了，比对亲儿子都亲。

跟你说个事吧，也算让我见识了这个世界上的咄咄怪事。

之前在安禄山还没到长安时，皇上就传旨让我们舞蹈班子到洛阳去。我们哪敢耽搁？到了洛阳以后，还没歇脚呢，又让我们到凝碧池。我长这么大从没见过这么气派的洗澡堂子，丝毫不逊于长安的华清池。

等我们到了的时候，有一个大胖子正在跟皇上、贵妃娘娘说话。见我们到了，皇上非常高兴，介绍说："禄山儿，这就是公孙大娘和她的舞蹈班子，是为你配舞的。"好家伙，我们成了配舞的了。

安禄山嘴撇得老高，爱答不理地见了礼。其实，我们早就见过他的，羯鼓比赛的时候，他不就站在贵妃娘娘的身旁吗？

我当时心想，这老小子胖得跟头猪似的，难道会跳舞吗？结果，真是人不可貌相啊，他不仅会跳舞，而且一跳，连我师父公孙大娘都不由得佩服了。老哥，你想象得到吗？那么胖的一个人，可跳起舞来，以单脚点地，像个陀螺似的旋转，而且一转就是几百圈，停下后还面不改色、气不长出，在场的人无不鼓掌喝彩。

皇上和娘娘都是乐舞的圣手，看见安禄山这样，心里能不爱吗？

我记得有一天晚上，杨国忠也来到洛阳。等我们排练完了，安禄山先行退去了，我们因为收拾场地还没走。杨国忠就进来跪在皇上面前，说安禄山要造反。

皇上大怒，斥责杨国忠道："你口口声声跟朕说安禄山要反，让朕召他进京，说他一定不会来。结果怎么着，人家不但来了，而且安心地在这里跟朕排练《霓裳羽衣曲》。你还有何说？"杨国忠战战兢兢地道："请允许老臣派人监视他，如果他当真不反，我就认罪！"唐玄宗气得拂袖而去。贵妃娘娘也瞪了她哥哥好几眼。

谁知第二天，安禄山在排练之前，先给皇上跪倒，带着泪说："我是外族人，不识汉字，皇上越级提拔我，以致杨国忠想要杀了我。"皇上见了，非但不信安禄山会反，而且更加宠信安禄山了，封他为左仆射、闲厩使、群牧使等官，还承诺他可以到陇西去任意挑选好马。

从此以后，谁要是再敢在皇上面前说安禄山要造反的话，皇上不但要大发脾气，还要把那人捆绑了送给安禄山发落。

杨国忠气得肚皮鼓鼓的，却又无计可施。

安禄山的确没安好心，他管皇上要那么多好马干什么？咱们都是养过马的，知道马匹对于一场战争的重要性，如果这厮不是想造反，要马何用？用他自己的话说，是为了防范契丹入侵，可是契丹已经被他打趴下了，不可能再起波澜了。可见他的目的只有一个——秣马厉兵，时机一到就要起兵造反了。

老哥，你在安禄山的地盘上采风，可要小心小心再小心啊，一有风吹草动，赶紧赶回长安。毕竟我们兄弟在一起，出了事情也不怕。

一切小心！

永远爱你的老弟：子满

第10章 俳优戏弄

①

在洛阳的时候，每次从凝碧池侍驾完了之后，李龟年都会回他的洛阳私邸休息。

有一天晚上，突然来了一位神秘客人。这个人穿一身黑色罩袍，头和脸都被遮住，只有一个小厮陪伴。小厮把名帖投给管家。管家看了，落款是"长安异客"，不敢自专，就禀告了李龟年。

李龟年觉得事有蹊跷，亲自到大门口来看。他把主仆二人让进门首，那黑衣人就吩咐掩门。大门关了，那人把帽子摘了下来。李龟年一看，吓得立刻下跪，战战兢兢地说道："不知太子驾临寒舍，有失远迎，该死，该死！"

太子李亨忙把李龟年扶起："深夜造访，唐突之至！"

李龟年赶紧把太子让到内堂，屏退了所有人，然后又跪倒在地："太子有事请讲，臣万死不辞！"

太子忙把李龟年搀起，自己却跪下，哭泣道："大郎救我！"

这一举动吓得李龟年冷汗直流，又扑通一下跪倒："太子折煞臣了，但请吩咐，臣决不推辞！"

太子慢慢站起，悲愤地道："父皇宠爱安禄山，认为义子，杨妃推波助澜，把我这个亲生的儿子置于何地？父皇信任大郎，我想让大郎想法方设法从中维护，我或许不至于被父皇隔绝遗弃……"

李龟年听了，心里便清楚是怎么回事了。这是太子怕唐玄宗宠信安禄山过头，把他这个正牌的太子给隔绝了。这也在情理之中，于是，李龟年道："放心吧，太子，只要有机会，我一定会向皇上转达太子的纯孝之心。"

太子站起来，道："那就有劳大郎了！"

太子走后，李龟年在厅堂上徘徊不已，内心感叹：堂堂一朝太子，竟然求一个优伶去他的父皇面前通融，可见朝局的混乱不堪了。放着亲生的儿子不去关爱，却去宠一个不知天高地厚的胖子，皇上真是不可理喻。

李龟年越想越生气，当真为太子鸣不平，心中突然也生出了一种道义和责任，想为太子的窘境和堪忧的前途做点事情。

夜越发深了，冷风凄凄，敲窗侵骨。李龟年做好了打算，便让人去叫子满。

不大一会儿，公孙大娘跟子满一同前来。李龟年抱歉道："我只说唤九郎来，怎么大娘也来了？"

公孙大娘道："这么晚唤九郎，一定有急事。我不放心。"

李龟年长叹一声，就把太子深夜来访的事跟公孙大娘和子满说了。

公孙大娘问道："大郎，你想要怎么做？"

李龟年道："我决心冒死为太子进言！"

公孙大娘一摆手，道："不妥，当今皇上、贵妃娘娘对安禄山宠幸非常，说安禄山坏话的，都要押送给他。咱们教坊梨园的，本该就是演戏、唱歌、跳舞，干涉朝政可是大忌！"

李龟年黯然神伤，不知该如何是好。

子满头脑机灵，忽然说道："既然演戏、歌舞是咱们的本行，我们可以通过演戏、歌舞来达到我们的目的啊。"

李龟年一听，一拍脑门，大喜道："大娘，九郎说得对啊，我差点忘了，我可是'俳优戏弄'的行家，我们编排一出戏弄，演给皇上看，说不定能让他警醒！"

公孙大娘沉思道："好是好，而且这么做也不犯忌讳，可是仓促之间，剧本、编舞都没有，又要排练'霓裳羽衣'……"

李龟年又是大喜，道："你不说我还发愁，你这一说，我觉得事情倒成了八九分。你想，为了排演'霓裳羽衣'，凝碧池内聚集了当今最厉害的名伶、乐工、歌手，像琵琶高手贺怀智、雷海青，箜篌名家张野狐，方响专家马仙期，拍板能手黄幡绰，唱歌有我跟念奴，跳舞有你跟子满，现在要编排一出戏弄，可谓正逢其时！"

公孙大娘也拍手道："这么一说倒是，尤其是这个黄幡绰，可是跟你齐名的戏弄高手，要是你俩能联合排一出戏，那真是绝妙了！"

子满歪着头问："大郎师父竟会演戏弄，这可大大出乎

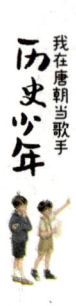

我的意料了!"

公孙大娘竖起大拇指:"何止会演？恐怕他要说第二，除了那个黄幡绰，没人敢说第一！黄幡绰也只敢称并列，不敢称第一！"

李龟年微笑道:"大娘，你谬赞了。如此我们明天就把这些人都叫到我府里来，商量排演戏弄的事。"

公孙大娘道:"如此甚好。"她领着子满刚要走，李龟年突然说道:"别忙，我叫子满来，原不是为了演戏的事，差点给忘了。如今大事议定，这件事我更要交代清楚了。"

子满一看李龟年表情严肃，似乎有很重要的事，就问:"大郎师父有何吩咐，我必效犬马之劳！"

"好孩子，我也没什么大事，就是……"李龟年似乎有些难以启齿，不过最后还是下定决心道，"人终有一死，生前不能显要的，死后终须荣光一把。当优伶演戏的，到了我这个程度，也算是前无古人了，按理说也没什么其他的事情，可是人要是一死，万事皆空，我因此想着，一旦我们这次触怒龙颜，横遭惨死，你一定要转达你兄长六郎，在我墓中多多陪葬三彩陶器，尤其是要造一个骆驼载乐俑，那可是当下很流行的东西……"

公孙大娘不由得哈哈大笑:"大郎，你在我心中可一向是个豁达之人,人死如灯灭,你想这么多干吗?当真是笑煞我了!"

李龟年一片羞惭之色。

子满庄重承诺:"放心,大郎师父,你一旦遭遇不测,我们兄弟一定帮你实现遗愿!"

2

所谓的"俳优戏弄",就是当君王行事不当,朝臣直谏无效时,俳优在调弄笑谑的机锋中三言两语而收奇效的一种讽谏方式。

这种戏弄很早就有,春秋战国时期的滑稽戏高手,晋有优施,赵有优莫,齐有淳于髡,楚有优孟,秦有优旃;汉有东方朔、郭舍人;魏晋南北朝有石动筒。其中,春秋时期优孟则是史载最详也是最早的著名俳优。

春秋时期楚庄王在位期间,任用孙叔敖为令尹(相当于宰相)。他改革内政,兴修水利,拓展良田,发展农业,加强军备,辅佐庄王在邲大败晋军,使郑、宋诸国归附于楚。楚庄王得以代晋称霸。然而孙叔敖一生勤俭,未能给后代留下任何财产。

孙叔敖任职期间觉得优孟极为聪明而特别器重他。在临终时，他对儿子说："我死后，你必定贫困。如果见到优孟，只说是孙叔敖的儿子就行了。"

没过几年，孙叔敖的儿子果然穷得以打柴为生。一次砍柴回来，正碰见优孟，他便将父亲临终之言相告。优孟于是穿戴起孙叔敖的衣冠，模仿孙叔敖的言谈举止，经过练习，将孙叔敖模仿得形神毕肖。

楚庄王做寿，优孟上前敬酒，楚庄王大吃一惊，以为孙叔敖复活了，想请他当令尹。优孟说："我得回去和妻子商量，三天后再来回复。"三天后，优孟答复楚庄王说："我妻子说楚国令尹不值得做，像孙叔敖那样忠诚清廉以治楚，楚王得以称霸。如今死后，他的儿子没有立锥之地，贫困负薪，与其这样，还不如自杀。"说完，优孟唱了一首歌：

贪吏不可为而可为，当时有污名，子孙家室富；廉吏可为而不可为，当时有清名，子孙穷困、被褐而负薪。贪吏常苦富，廉吏常苦贫。独不见，楚相孙叔敖持廉至死，蓄无分铢！

唱毕，优孟涕泣。楚庄王感悟，深悔自己处事失当，立即召见孙叔敖的儿子，封邑寝丘四百户，后来传至十世不绝。

这是俳优戏弄的例子。可见，戏弄即是通过机制巧妙的"戏弄之言"、惟妙惟肖的模仿秀，以及声情并茂的歌唱、舞蹈，辅之以恰如其分的音乐铺垫，类似于今天的滑稽小品。

俳优戏弄，被看作中国音乐、舞蹈、说唱、戏剧等各种表演艺术形式的滥觞，尤其是中国戏曲，其插科打诨的表演风格、谐趣幽默的人物设计、绝妙传神的脸谱勾画、浪漫搞笑的喜剧风格，都深受俳优戏弄的影响。

到了第二天晚上，李龟年果然把黄幡绰、张野狐、雷海青、马仙期、贺怀智和歌手念奴等名伶，邀至李府。

其中，黄幡绰不但是戏弄高手，而且也是拍板的圣手。拍板，是一种打击乐器，现代拍板以三片檀木构成，而唐代则是用六片或九片木板制成的，两手合击，声音清脆，节奏感强，用于按节拍，辅助皮鼓指挥其他乐器，因此，后世将它与鼓合称为鼓板。

有一件事，长安城内尽人皆知。

唐玄宗好羯鼓，黄幡绰

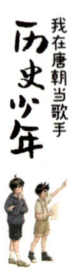

善拍板，鼓与板须臾不离。有一次，黄幡绰擅离职守，唐玄宗击鼓了无生趣，大发雷霆，让人找遍长安，才找回黄幡绰，由此黄幡绰大为出名。

世人都说："仙期方响鬼神惊，铁拨争推雷海青。贺老琵琶擅场屋，黄家幡绰板尤精。"如今，这些音乐高手聚首李府，要为太子发声，要为朝廷效力。

李龟年挠了挠头："昨晚一夜未睡，终于琢磨出一个主题。"

大家都道："大郎才思敏捷，倒省得我们这些榆木脑袋再想了。"

李龟年连连摆手道："安禄山反志已生，太子隔绝在外。我们排演戏弄，本应该另设背景，不可直指当朝。但另设背景恐怕力道不够，直指本朝又恐怕有影射之嫌，这可如何是好？"

李龟年是在试探这些乐工的意志。

琵琶高手雷海青慷慨陈词道："依我看，就该直指当朝！皇上对教坊梨园倍加关爱，我们无以回报，此时正是要报效的时候，我们切不可贪生怕死！"

黄幡绰也说："正是此意。"

其他人也无异议。

李龟年击掌道:"好,也让世人瞧瞧,我们这些他们口里的'优伶',在关键时刻也能为国分忧!戏弄我打算分为五出。第一出,叫《贼子惧》。"

公孙大娘道:"这一出必定是写安禄山惧怕李林甫之事了。据说,李林甫口蜜腹剑,权倾一时,群臣莫敢抗礼,只有安禄山这位混世魔王倚仗皇上和贵妃娘娘的恩宠,见李林甫的时候,神情极为倨傲。李林甫略施小计,让当朝大夫王鉷入见的时候,表现得诚惶诚恐、战战兢兢。安禄山见了,大为惊讶,不觉自责,也变得弯腰下气,低眉顺眼。李林甫善于观察人心,与安禄山交谈,总能揣摩其意,一说即中。安禄山惊服,以为神明。从此,安禄山特别惧怕李林甫。他曾经对侍卫说:'我对天子并不恐惧,唯见李相公则无地自容。'每次去见李林甫,即使是严冬,也常常冷汗沾裳。李林甫却往往温言以待,有时还把他引进中堂,甚至解下自己的衣袍披在安禄山身上。安禄山对他更是感恩戴德、顶礼膜拜,称他为'十郎',言无不尽,温顺如狗。安禄山回到范阳,由刘若谷充当联络员,每次从长安来,安禄山总要先问:'十郎有什么话?'如果李林甫说些安慰的话,他便欢喜若狂;如果李林甫说'安大夫须好检校'之类带有警诫意味的话,他就会惊恐万状,反手据床而自言自语:'阿与,我死也!'"

张野狐擅长戏弄,又能演奏觱篥和箜篌,听了公孙大娘所说,摇头笑道:"'阿与,我死也!'哈哈,真是丑态毕露。这一节要好好地写进戏弄里,到时候当着安禄山的面演给皇上看,看他羞也不羞!"

李龟年道:"第二出叫《国忠恨》。"

黄幡绰拍手道:"这个我知道,一定是写丞相杨国忠最不喜欢安禄山,终日愤恨的事。这杨国忠原本也想拉拢安禄山的,可是安禄山不买账,根本不把杨国忠放在眼里。按理来说,安禄山拜贵妃娘娘做干娘,杨国忠也是他干舅舅,可是这对舅甥却如此不睦。世人都知道,杨国忠没有一日不在皇上耳边说安禄山要造反;安禄山没有一日不想带兵把杨国忠给杀了,以泄胸中之愤。"

李龟年道:"这第三出,叫《天子宠》。"

雷海青义愤填膺地道:"这自然是说安禄山受皇上和贵妃之宠爱了。不知道他何德何能,竟能受如此无上恩宠。他入宫面圣,先拜贵妃,后拜天子,天子竟然在一旁嬉笑,问他为什么。安禄山答说,他是个胡人,胡人只知其母,不知其父。其谄媚之态,以至于此!"

李龟年道:"这第四出,叫《太子怨》。"他就把太子李亨夜入李府，求他在皇上面前回护的事跟大家说了。大家忍不住唏嘘感叹，都想要为太子效力出头。

李龟年接着道："这第五出，叫《负深恩》。"

张野狐道："这一定是说安禄山最终反了。虽然尚未发生，但反相已现，只是时机未到而已，到时候豺狼横行，虎豹逞威，生灵涂炭，社稷沦为丘墟。这一出自然要精心设计，让皇上看到安禄山一旦造反，将于国于家大为不利，不可儿戏视之！"

大家一致认同，当下便把角色分配妥当了。

由李龟年饰演安禄山，因为他那句"阿与，我死也！"学得酷肖，简直可以乱真。黄幡绰饰演杨国忠，张野狐饰演李林甫，雷海青饰演唐玄宗，公孙大娘饰演贵妃娘娘，子满饰演太子李亨。

主要角色定了，其他配角以及龙套由本场不主演的角色充当；需要表演军队、百姓的，从

教坊梨园抽调人手；剧本由李龟年和黄幡绰操刀；舞台和舞蹈由公孙大娘和子满负责；配乐和插曲由本场不主演的乐工以及主唱念奴担任。

子满当时想，若是老哥在，这主唱的位子一定轮不到念奴的，可惜老哥正陪着李白喝西北风呢，不知道现在流浪到哪里了，想起来自然是愁绪满怀。

最后李龟年勉励大家："世人都说戏子无义，更说我们只会取悦君王，不懂得关心家国大事，这次我们就要通过这出戏弄，向世人表明，我们这些人也有浩然正气，也会公忠体国，知晓家国大事，能替君王分忧解劳，不可再让他们小看了！"

3

究竟那场惊心动魄的俳优戏弄如何在唐玄宗面前上演的，当时具体的情形无人得知，只能通过后来流传到民间的一些"小道消息"来了解个大概。

据说，当时排练完《霓裳羽衣曲》，安禄山累出了一身臭汗，皇上和杨贵妃十分怜惜，让他赶紧去洗澡，李龟年就跪倒说："皇上和贵妃娘娘指导排练'霓裳羽衣'，十分辛苦，臣下们排练了一出戏弄，想给皇上跟贵妃娘娘解解闷。"

唐玄宗虽然很疲劳，可是一听有戏弄看，登时又来了精神，问道："何人主演？所演何事？"

李龟年叩头道："是臣一手策划导演的，由臣和黄幡绰主演。"

皇上一听这两个名字，当时就大为振奋，道："大唐最厉害的两位戏弄高手亲自操刀主演，一定非常精彩，下去准备，朕在这里略略休息就可开演。"

演职人员都捏了一把汗，不知道演完后皇上会不会大发雷霆。

不一会儿，安禄山也洗罢澡过来侍候。皇上和贵妃娘娘略用了点膳食，贵妃娘娘还补了补妆，就回到演练场等候看戏弄。

好戏开场。第一出是李龟年和张野狐的对手戏。张野狐不愧是与黄幡绰平分秋色的戏弄高手，把个口蜜腹剑的李林甫演得简直如真人亲临一般。直把皇上看呆了，几次指指点点，仿佛李林甫就在面前。

当然最出彩的还是李龟年饰演的安禄山，当他那句"阿与，我死也"的台词脱口而出时，杨贵妃嘴里含着的一口蜜饯喷出，竟粘在了高力士的拂尘上。杨贵妃大笑，道："大

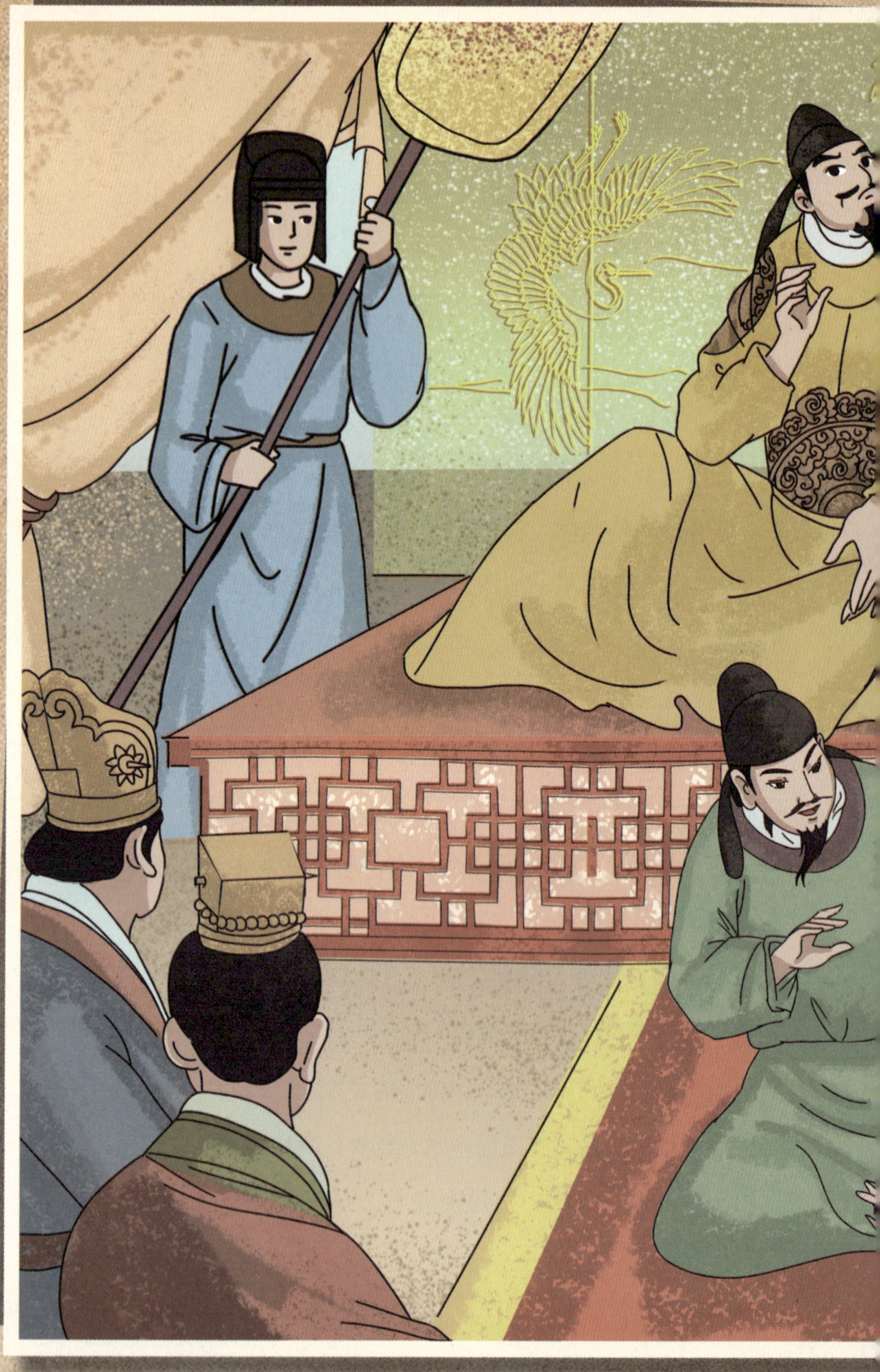

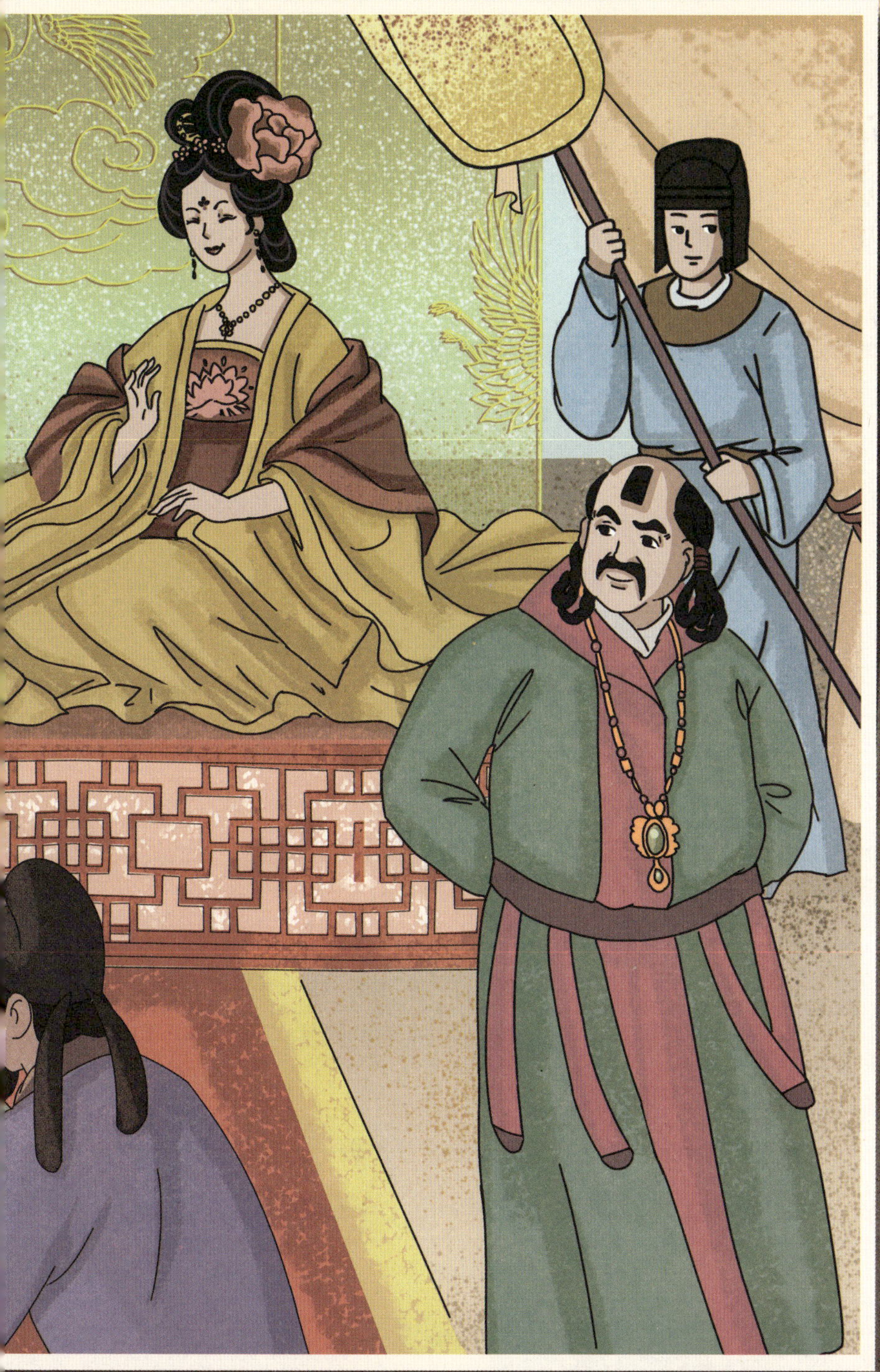

郎状我儿毕肖！"

安禄山在旁边悻悻然，脸上露着笑，可眼里却冒火。皇上也莞尔一笑，可是他隐隐觉得，这帮优伶演戏可绝非给他消烦解闷而已。

第二出的时候，杨国忠看了直笑，安禄山看了恨得牙根痒痒，杨贵妃左看看她的兄长，右看看她的"娇儿"，哀叹一声，笑一下。唐玄宗面无表情，但可以想见，内心里必然是暗潮涌动。

到了第三出《天子宠》，安禄山脸上终于有了笑容，骄傲之色溢于言表；杨贵妃大笑，皇上默然。

第四出，"太子"上台，诉说自己受到父皇的冷落，如怨如慕。杨贵妃、杨国忠和安禄山看罢都不以为然。皇上看罢怫然不悦。

第五出，刀兵滚滚，豺狼横行，百姓遭殃，社稷沦丧，安禄山"沐猴而冠"，带领军队左冲右突，无恶不作。此一出，杨贵妃看了，心惊肉跳；安禄山看了，冷汗直流；杨国忠看了，得意扬扬，大有如己所料的快然；唐玄宗看了，却震怒，脸色铁青。

据说，皇上把身前的桌案都掀翻了，向着舞台咆哮道："无礼！你们如此编排皇室朝臣，渲染家国罹难，动摇人心，意欲何为！是可忍孰不可忍！"

从后面的遭遇来看，这出俳优戏弄还是造成了严重的后果，虽然没人因之死亡。

当时，唐玄宗拂袖而去，杨贵妃也紧随其后。安禄山气得三尸暴跳，向着皇上的背影磕了三个响头，厉声道："长安、洛阳已非臣所能留，臣这就回范阳待罪，等候天子发落！"杨国忠等皇上和安禄山都走了，才咧着嘴笑道："你们倒深知我心，哈哈哈！"

很快，就传下圣旨来：李龟年贬为黄冈尉，其他乐工暂行拘押凝碧池，听候发落；赏安禄山骏马三千匹，宫娥五十名，暂回范阳休养。

至此后果明了，李龟年为了戏弄被贬谪出京，其他乐工伶人也被拘押起来，估计以后很难再像之前那样受到重视。优伶的黄金时代结束了。

世人都说，一个极聪明的李龟年，却终未曾点化得了一个极糊涂的唐玄宗，挽救不了唐代前一百年间最大的一次危机，消弭不了安、史二人引起的一场大乱。

第11章
渔阳鼙鼓

①

安禄山一回到范阳,很快就起兵造反了,他之所以动作这么迅速,跟一个人关系甚深,就是宰相杨国忠。

杨国忠,原名杨钊,"国忠"是唐玄宗赐的名。

唐玄宗初见杨国忠,觉得他仪表非凡,当场就赏了一个"金吾兵曹参军"的官职,职权虽然不大,可却是皇上的近侍,很方便发挥他阿谀奉承的特长。

杨国忠这人别的本事没有,就有一个本领——皇上喜欢听什么,他就说什么;不喜欢听什么,绝对闭口不提。再加上他是贵妃娘娘的族兄,因此深受唐玄宗的恩宠。

杨国忠受宠后,有一个人心里不舒服,那就是李林甫。可是,谁叫他没有一个像杨贵妃那样如花似玉的妹妹呢。面对杨国忠这个新贵,李林甫极尽拉拢之能事,希望杨国忠能跟自己合作。

出于共同的利益,杨国忠和李林甫之间确有一段亲密合作的时间,尤其是在对付太子李亨的问题上。

李亨是唐玄宗的第二任太子,第一任太子李瑛被武惠妃害死后,唐玄宗有意要立李亨为太子,但李林甫提出了反对意见,不过没有被采纳。

李林甫想到,太子的人选关系到自家的政治前途,自己先已站错了队,如果再任由事态发展,将来自己就死无葬身之地了,所以他就设法加害李亨。这时,他想到了杨国忠。

杨国忠当时既是宠臣又是外戚,是外戚就要面对权柄交接的问题,一旦新君嗣位,新外戚的势力必会随之而起,到时旧外戚还会有好下场吗?但如果将来的皇帝是自己的外甥,所担心的问题就不会发生了。不过,杨贵妃到现在也没能给唐玄宗生下一儿半女,使杨国忠时时刻刻感受到来自太子李亨的威胁,因此也急需解决掉太子。

出于同一目的，两个心怀鬼胎的人结成了短暂的同盟。

可太子李亨也不好对付，他知道杨国忠和李林甫都想对自己不利，凡事都多加小心。杨、李不但抓不住太子的把柄，甚至连找麻烦的机会都没有。

后来李林甫死了，杨国忠成为宰相。

翌年春天，这位新上任的宰相就对李林甫集团展开了一系列报复行动。李林甫集团的势力原本难以撼动，但因为安禄山相助，杨国忠就把事情办成了。大概安禄山平时最怕李林甫，李林甫死后，他要趁机出出这口怨气。

这也许是杨国忠和安禄山之间仅有的一次合作，自此之后两个老儿就彻底掰了，成为死对头。安禄山从骨子里瞧不起杨国忠，认为杨国忠什么本事都没有，就靠他妹妹是贵妃才坐到现在的位子上。杨国忠当时正红得发紫，只能是他瞧不起别人，岂能让别人瞧不起他？在他看来，向安禄山示好是给了安禄山好大的脸面，可人家安禄山还不稀罕。杨国忠便恼羞成怒，从此以后，天天在唐玄宗耳根子底下嚷嚷安禄山要造反。

朝局最忌讳中央的宰相与边镇重臣不和，尤其是边镇节度使还拥有极大的权力。宰辅和边臣对抗则意味着中央与地方的对立，引发的后果自然十分严重，可是唐玄宗却全然不放在眼里，以为一切皆在可控的范围内。

连被他戏称为"书生意气"的李白都看出了安禄山的反意，连一干教坊梨园里的乐工都感受到安禄山浓浓的反意，连那些看似不了解朝廷动态和时局的平头百姓都传言安禄山心怀不轨，难道唐玄宗就一点都没发觉？

其实，有没有杨国忠的"谮言"，安禄山都会反，唐玄宗还蒙在鼓里，以为安禄山永远是他眼中那个肥胖可爱的干儿子，后面的事情却无情地打了唐玄宗的脸。

2

渔阳鼙鼓动地来，惊破霓裳羽衣曲。

九重城阙烟尘生，千乘万骑西南行。

安禄山造反的消息传来，唐玄宗与杨贵妃已经返回长安，正在华清池中沐浴。有人向他报告，说安禄山造反了，唐玄宗支棱着耳朵听了半天也没有反应过来，他觉得谁都有可能造反，唯我儿禄山不能。

当唐玄宗好不容易接受安禄山造反的事实后，就再也无心泡在温泉里了。他颤抖着双手，帮杨贵妃把浴巾披上，

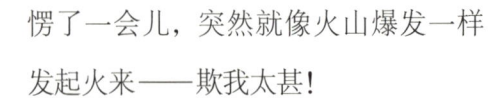

愣了一会儿，突然就像火山爆发一样发起火来——欺我太甚！

安禄山也不愧是个老狐狸，起兵造反却理直气壮。他声称自己发兵乃是奉了唐玄宗的诏命，皇上诏他入朝清除奸党杨国忠。

此时此刻的杨国忠正得意扬扬——怎么样，平时我老杨说什么来着？安禄山这兔崽子，不是个好东西，脑后有反骨，可皇上就是不信，这次信了吧！

唐玄宗懊悔不已。不过，事情既然发生了，懊悔也没用，还是得想办法应对，因此他连夜召杨国忠前来商量对策。

可是唐玄宗找错了人。局势危如累卵，杨国忠却跟那儿打哈哈，说道："皇上，您用不着担心，现在造反的只是安禄山一个光杆司令而已，将士们都不想这么干，无非是受了胁迫，我敢说，过不了几日，他们就会割下安禄山的人头，送到您面前，您就瞧着吧。"

唐玄宗竟然听信了杨国忠的话，在宫中急等安禄山的人头。结果，安禄山的人头没到，造反的军队频繁攻陷城池的消息却不断传来。更有甚者，长安的东大门潼关即将不保，贼兵已经杀到洛阳，不日就将血洗长安。

唐玄宗大惊失色，最后无计可施，传旨让太子李亨监国，他准备跑路了。

往哪儿跑是个问题，研究来研究去，唐玄宗最后决定跑向成都。不要忘了，杨国忠除了是朝廷的宰相，还是剑南节度使，蜀中是他的老巢。自从他发觉安禄山有反意之后，一方面拉拢哥舒翰，另一方面开始营建剑南以做后方，只是他没想到会这么快。

说跑就跑，一点也不含糊，唐玄宗带上杨贵妃，以及杨国忠、韦见素、陈玄礼、魏方进、高力士等寥寥近臣和护从卫队，仓皇出延秋门，向西而去。

次日早朝，百官被眼前的一切惊呆了，玉漏滴声依旧，仪仗也一如往常，只是龙椅上不见了皇上，班列里不见了杨国忠，就连平日里替唐玄宗上传下达的大宦官高力士也难觅踪影。

文武百官一下子醒悟过来——皇上逃跑了！偌大的庙堂顿时乱作了一团，哭声、骂声混杂，东奔西窜，乱七八糟。

却说唐玄宗，一路奔

至马嵬坡，风尘仆仆，饥肠辘辘。皇孙们饿得哭哭啼啼，妃嫔们吓得花容失色，亲兵卫队怨声载道，好不凄惨。当地的官员比皇上跑得还快，根本寻不到踪影。杨贵妃偎依着唐玄宗，面带饥色，无可奈何地等着。

杨国忠被派出去寻找食物。快到晌午了，食物还没有找到，史书上形容当时的唐玄宗"天将午，饥肠如响鼓"，肠子里咕噜咕噜，这谁受得了啊！这个开创了开元盛世的唐明皇，什么时候受过这种苦？还好的是，唐玄宗并没有怨天尤人，以超乎想象的忍耐力应对眼前所发生的一切。

正在这个时候，有当地的老百姓前来献粮，都是些粗食，比不上皇宫里的精馔佳肴，不过这支逃跑队伍实在饿极了，纷纷争抢来吃。唐玄宗见如此情状，扑簌簌地落下来眼泪。杨贵妃一看皇上落泪，也难抑悲伤，呜咽不止。

唐玄宗哭罢，声称要接见献粮之人。有一个须发皆白的老人走了进来，颤颤巍巍地走到皇上跟前，慢慢地跪下去。玄宗用手搀住，两个人谈起心来。

那位老人说："皇上，我是个粗人，话说得对或不对，您千万不要怪罪。安禄山这个老贼，早就包藏祸心，普天下的人都知道，就您还蒙在鼓里！有人向您禀告，您不但不信，反而偏袒他，让他更加有恃无恐，终致起兵为祸。您这把年纪了还要舟车劳顿，实在是太不应该了！这能怪谁呢？先皇在位的时候，总是寻访贤良以明耳目、广视听，这样才能确保天下太平。宋璟做宰相的时候，敢于冒犯龙颜直言进谏，故而天下平安无事。而皇上您呢，任用奸相杨国忠。杨国忠是个什么东西，除了一味地阿谀奉承再也不会别的。自从他做宰相以后，没人敢冒犯龙颜直谏，宫门之外发生的事情，您无从得知，这是被杨国忠给蒙蔽了！要不是安禄山作乱，我这样的草野之人怎么会有机会，当面向您说这些事呢？"

老人说着，声音呜咽，老泪纵横。唐玄宗悲声刚歇，此时又被引逗出来，两个人相对泣不成声，此情此景，十足堪哀。卫队首领陈玄礼在旁边听着，恨得牙根直痒痒。

3

翌日，即六月十四，唐玄宗一行抵达马嵬驿站。

将士们由于疲劳和饥饿，心怀怨怒。陈玄礼准备利用将士们的不满情绪，制造哗变，杀死杨国忠。但他知道唐玄宗不让，所以就派人去向太子李亨请示。

史书上记载，太子的态度犹豫不决，可是仔细想来，这

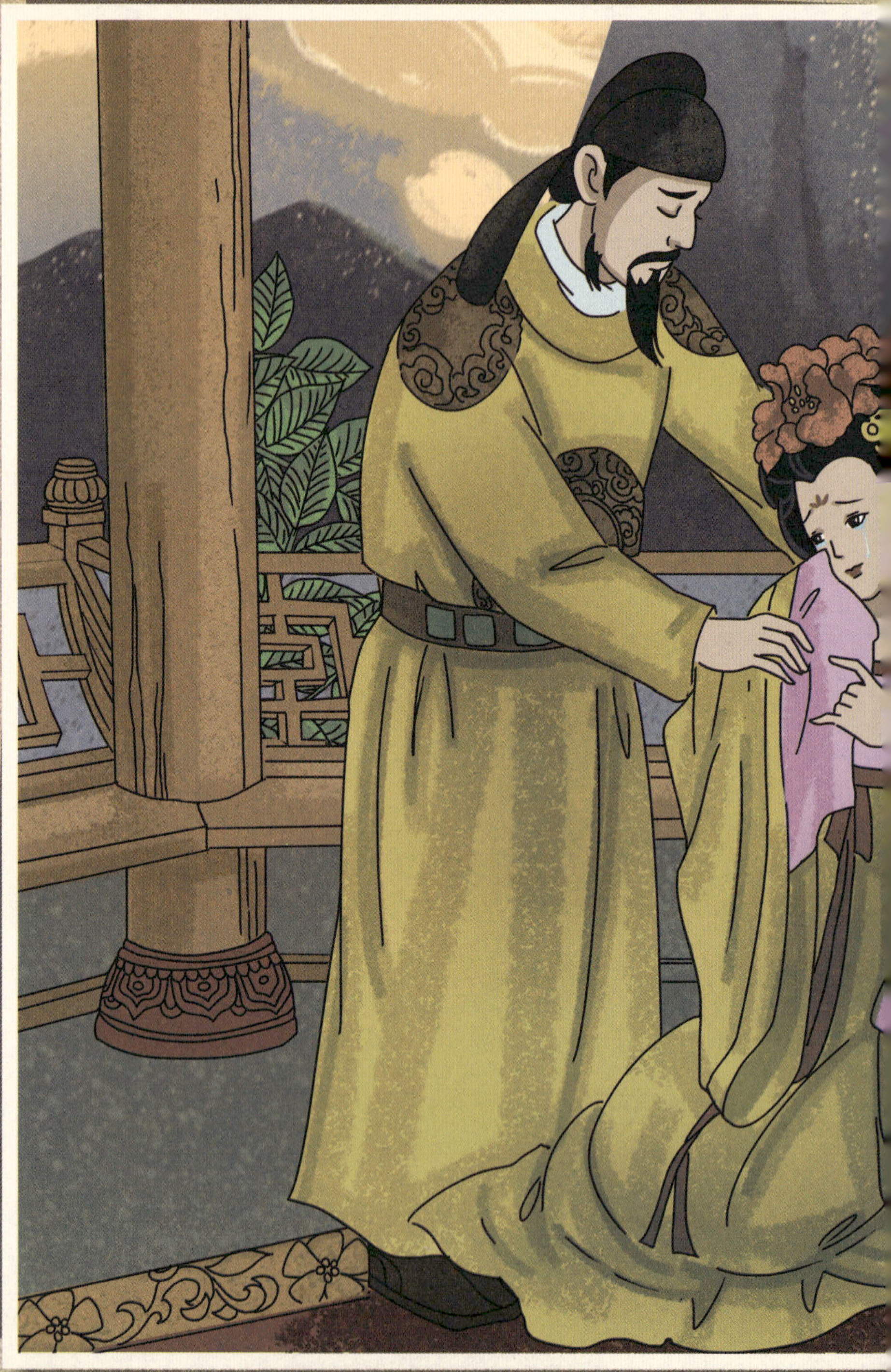

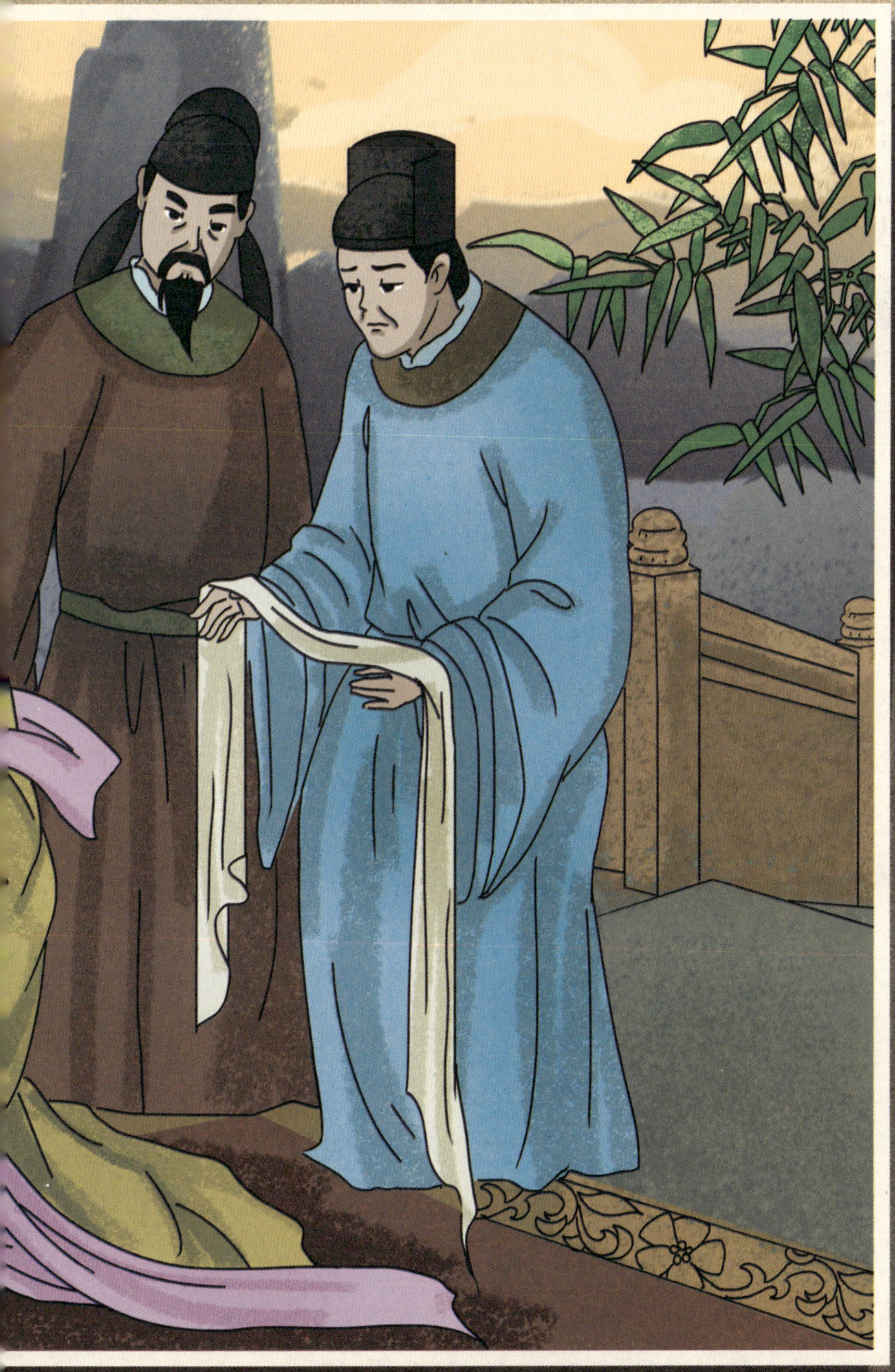

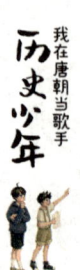

怎么可能？太子没少受杨国忠的陷害，此时正是除掉杨国忠和他的后台杨贵妃的好机会，他怎么会错过呢？再者说，真要是皇上被杨国忠胁迫到了成都，在人家的一亩三分地，太子就不能避免被害。

因此，太子绝不会犹豫不决，而是乐见其成。太子的态度乃是对处死杨国忠及杨贵妃的一种默许。

杨国忠不知道危险将近，看到皇上和杨贵妃日渐消瘦，自己也颇感失落，一个人出来溜达。

正走着，忽有二十几个兵丁拦住去路，个个都穿着吐蕃人的衣服。杨国忠心想，这里怎么会有吐蕃的军兵呢，皇上没说要向吐蕃借兵啊，这些人从哪儿来的？刚要询问，为首的吐蕃兵大喊道："拿食物来！"声音颇大，传出去老远。

杨国忠兀自纳闷，这时候军营里有人又喊了一声："杨国忠勾结吐蕃企图谋反！"

杨国忠一听，就要破口大骂"荒唐"，话还未出口，就被一支疾飞而来的箭吓住了，杨国忠魂飞魄散，匆忙地向皇上所在的西门内跑去，但肥胖的身躯根本跑不动啊，尚在迟缓的移动中，兵丁们追了上来，一顿乱刀砍死了杨国忠。

闷坐驿站的唐玄宗听见外面瞎嚷乱叫，还以为将士们发牢骚，想出来慰劳一下。没想到刚出驿门，将士们就围拢过来，将皇上围在当中。皇上此时并不知道杨国忠已死，军队有哗变的危险，转脸问高力士："这是怎么回事？"

高力士说："皇上，杨国忠罪大恶极，已被将士斩首。杨贵妃是杨国忠的妹妹，仍服侍皇上左右，将士们担心她会报复，请皇上裁断！"

这就是要求处死杨贵妃。唐玄宗不傻，当场未做回答，转身进了驿门，向驿门内的一条小巷走去。一边走着，一边心里七上八下，眼泪涔然，走不动了，就倚墙而立，哀叹连连。心中暗想："这帮狠心的贼子！处死杨贵妃，那不是要了我的老命吗？一生知我敬我爱我的人，屈指算来也就杨贵妃一人而已，要是没了她，我也没活路了。"

正在胡思乱想之际，韦见素来见，并说道："皇上快做决断，不如忍痛割爱，以安国家！"

唐玄宗流泪不止，心中在做殊死挣扎。处死吧，辜负了杨贵妃的一片情意，也违背了天长地久的誓言；不处死吧，此关过不去，军队就要哗变，何况太子一直觊觎皇位，要是趁机发动政变……不行，绝不能因为女人而妨害国家大局。

唐玄宗心一横，转身回到驿站，手把手拉着杨贵妃穿过小巷，来至北墙下话别。皇上无限怜惜，泪眼婆娑，杨贵妃呜咽涕泣，语不成声。杨贵妃知道皇上的难处，无怨无悔。

一幕由眼泪和悲情交织而成的场景，成为爱情诀别的永恒记忆。

杨贵妃一边啜泣，一边说："臣妾辜负了皇上对我的一往情深，只要能安抚军队，保护皇上无虞，我就死而无恨，且容臣妾最后一次礼佛。"

唐玄宗顿足捶胸，不忍离别，在高力士不住的催促下，才撒手作别，痛苦而无奈地说："愿与爱妃来生再见，共赴鸳盟。"说罢，狠心回头，任由高力士将杨贵妃拉进佛堂。不一会儿，一阵急促挣扎的声音传来，杨贵妃已然被高力士缢死，香消玉殒。

陈玄礼等诸将不相信皇上真的缢死了杨贵妃，仍不解围，最后没办法，唐玄宗命高力士将杨贵妃的尸首抬进驿站庭院中，令众将查验，陈玄礼亲自检查缢死的痕迹，方才相信，兵围才解除。

第12章

兄弟相逢

①

且说反贼攻势甚猛,很快攻下了洛阳。

安禄山进驻洛阳城中,发布号令,要在凝碧池中大搞庆功宴,让在押的乐工出来演乐佐酒。公孙大娘、子满、雷海青等都被拘押在监牢中,还不知道监牢外发生了什么事情。

到了傍晚,他们被押到凝碧池。他们发现,大殿里摆了几十桌酒菜,一些人模狗样的官员围坐着,手里端着酒杯。酒席之前还

有几张木桌，上面罗列着金银珠宝，一看就知道是皇家御用之物。另有几十名宫娥，花枝颤抖，面带惧色。

最前面一席，正位上坐着一个大胖子，众人一看都认得，就是那个曾说过"阿与，我死也"的安禄山。此时的他得意扬扬，不把任何人放在眼里。

人到得差不多了。安禄山在座上吩咐演奏乐舞。可是雷海青、公孙大娘诸人不知是何情形，谁也没有动弹。

安禄山心里明白，当即说道："诸位乐工，咱们也算老友重逢。可能你们还不知道吧，皇上他老人家已经幸蜀了，我还听说，唐军在马嵬坡发生哗变，杀死了杨国忠，老家伙无奈赐死了杨贵妃。老家伙能不能回銮，尚且两说。我劝你们这些伶人识时务些，跟着我，保管你们继续风光！我现在是大燕国的皇帝，而且宽宏大量，只要你们好好地为我演奏，之前排演戏弄的事，我可以既往不咎！"

乐工们如闻晴天霹雳，顿觉天塌地陷，非复人间。有几个女的，纷纷地垂下泪来。想到唐玄宗和杨贵妃这么多年来对教坊和梨园子弟的重视和荣宠，历历如昨，顿时觉得痛彻心扉。又恨唐玄宗不听他们的话，任由安禄山乱来，以至酿成今日之祸，当真既痛且恨。

安禄山恶狠狠地说道："顺我者昌，逆我者亡，你们若是不演奏，别怪我心狠手辣！"

一些骨头软的乐工马上操持起乐器来，就要演奏。

雷海青是个暴脾气，听见安禄山以死相挟，霍的一下从人群中站出来，望着安禄山座位方向，将他那稀世珍宝的琵琶朝着安禄山晃了几晃。安禄山还以为他要带头演奏，谁承想，雷海青让安禄山看了几眼琵琶，就将琵琶高高地举起，狠狠地摔在了地上。

一把檀木的稀世琵琶登时被摔得粉碎，琵琶与石板的撞击之声，响彻了整个凝碧池。琵琶触地，丝线断裂，发出的那种短促激越的声响，久久回响在大殿之上。雷海青见心爱之物瞬间成为碎片，内心再也抑制不住悲愤，泪水喷涌而出。在场的乐工无不动容悲啼。

安禄山大怒，挺着肥胖的身躯从座位上站起来，破口大骂，厉声说道："小小优伶，竟敢如此不识抬举，来人，把这个姓雷的绑到戏马殿！"

过来一队兵，把雷海青押赴凝碧池旁边的戏马殿，那里原是皇上沐浴之前驻跸的地方。

雷海青被绑好后，安禄山气愤难消，咬牙切齿地道："将这个姓雷的五马分尸！"

活生生一个琵琶圣手便在众目睽睽之下立时被五马分

尸。众乐工既惊骇又悲痛。安禄山和那些反贼却鼓掌喝彩。

雷海青是梨园的琵琶高手。相传他所弹的琵琶以石为槽、鹍鸡筋做弦，用铁拨弹奏。想当初，唐玄宗和杨贵妃在沉香亭赏花，后来在长生殿小宴，那两次大型音乐会，雷海青都是乐器演奏的台柱子。他的殉难属实悲惨而壮烈。

安禄山道："我看是你们的脖子结实，还是我的绳子结实！你来带头！"他指了指子满，"你小子还不错，未来大放异彩，也未可知。你来带个头！"

子满把眉毛一挑，傲然道："我的骨头难道就比雷师傅的软吗？"

安禄山气得把酒杯一摔，道："那你也去戏马殿！"

正在此时，突有校官跑了进来，附在安禄山耳边叽咕了一阵。安禄山表情变得严峻起来，摆了摆手道："把这些

'硬骨头'押往长安！"

后来，子满他们才知道，发生了两件事把他们给救了。一是太子李亨离开唐玄宗，跑到灵武自立为帝；二是唐军攻破潼关，不日即将攻破长安。

2

太子李亨在马嵬坡收拾完杨氏兄妹后，父子就分道扬镳了。唐玄宗继续入蜀避难，太子李亨到了灵武，即位称帝，遥尊唐玄宗为太上皇。其实，太上皇是个摆设，说白了就是李亨另立了朝廷，把唐玄宗给罢黜了。

唐玄宗靠发动政变，抢了老爹李旦的宝座，如今，李亨依样画葫芦，照样把老爹李隆基赶下台去。历史如此充满戏剧性，不禁让人唏嘘。

随着唐肃宗李亨调兵遣将展开反击，战场形势开始扭转，王师开始收复失地。安禄山也在内乱中被杀死，现在叛军的头子是史思明。所以这场战乱才被称为"安史之乱"。

叛军撤到潼关以东，长安得以收复。彼时子满与公孙大娘，以及一些教坊元老都被拘押在梨园的一处乐器库里。

十几个人都被锁了手,拴在一条绳子上,蜷缩在堆满乐器的逼仄小屋里,大门从外边被铜锁锁住,外面的情景一概不知,终日忧惧。

这一天,外边先是传来一片闹嚷之声,接着就有喊杀声、哭声、哀号声,声音由远及近,众人都听得出来,两股兵将已经杀进了梨园,只觉得生命危在旦夕,纷纷垂泪。

正在恐惧之中,就听当当两声响,有人用大刀砍断了铜锁,将大门打开,冲里面喊道:"各位乐师,叛贼已被我们杀退,你们安全了,赶紧出来吧!"

子满他们一听是王师,不免激动不已。

公孙大娘跟他们商量道:"皇上奔蜀,前途未卜,现在王师正在跟叛军交战,我们留在长安不合适,不如各自逃走,等战乱平息之后,再回长安!"

大家也都是这个意思。事不宜迟,大家各自道别了,然后匆匆离散。

公孙大娘跟子满说:"咱们也走吧,我们到江南去!"

子满问道:"咱们在江南有亲戚吗?"

公孙大娘长叹一声道:"亲戚倒是没有,不过远离战火,或许能苟全性命。这也是蝼蚁偷生,不得已而已。我们可以先去黄冈,去访一访你大郎师父。"

师徒二人不敢迟误，收拾了些衣服并盘缠，直奔渡口而去。这长安城号称"八水绕城"，水网密布，水路最是发达。他们离开梨园，三拐五拐就到了曲江边上。虽然正值战乱时期，各行各业都受影响，但为了挣钱吃饭，曲江上仍有几艘胆子大的小舟来揽客。子满伸手一唤，附近一只小舟赶紧横棹靠岸。子满扶公孙大娘上船，等坐稳了，就吩咐开船。此时的曲江倒是风平浪静，就见小船在江水中漂漂摇摇，顺流而下，七转八转，就划入了渭河。

子满催促道："船家，划快些，我们多给钱！"一听说多给钱，船家晃动双臂，加倍努力地摇橹。小船在渭河上行了十几里路，船家道："前面即将汇入大河，请客官换乘大船。小船不敢前去了。"

子满明白，黄河风疾浪猛，小船一去就可能翻船。他们弃了小舟，转乘大船。大船宽敞舒适，乘风破浪驶入黄河，逦迤向东。不知过了多少日夜，从黄河辗转水路抵运河，再抵长江，然后溯江西上，又行了几日，才到黄冈。

到了黄冈，直访李龟年任所，同僚告诉他们，李龟年不在任上，往浔阳、庐山访友去了。

子满问道："不知他访问哪位朋友，什么时候回来？"

那同僚说："也不甚清楚，说是去拜访一个叫李白的诗人,还有他的一个弟子。走时匆忙,连夜乘舟走。"

子满又问道:"可曾留下地址?"

那同僚歪着脑袋想了想:"好像是庐山屏风叠。"

子满听了大喜,跟公孙大娘道:"师父,李白和我哥也到了江南,现在在庐山屏风叠,大郎师父就是找他们去了!"

公孙大娘也喜出望外:"如此甚好,那咱们赶紧去庐山吧!"

3

当一抬头望见我的老弟扶着公孙大娘抵达屏风叠下的时候,我感到十分意外,又觉得原该如此,隔世相逢,真是天降吉祥,还觉得是在白日做梦,因此嘴张得大大的,眼睛瞪得圆圆的,好半天说不出话来,直到鼻子一酸,马上就要哭出声来,才想起来,朝着院子里大喊了一声:"十二郎,大郎,你们看谁来了!"然后顾不得别的,跑出去一把抱住我那亲爱的、可爱的老弟,痛哭起来。

子满也号啕大哭,公孙大娘也跟着掉泪。李白和李龟年从院子里跑了出来,大家纵有千言万语却无从说起,只是头痛哭。

也不知过了多久,在旁迎候了半天的李白夫人宗氏娘子才说:"李十二,你打算让客人在门外哭上一整天吗?"

李白拭了拭眼泪,赶紧说:"该死,该死!快往里请吧,瞧我这礼数实在是不周。"

大家进入院子,宗氏娘子赶紧让童仆沏茶来。大家乱世重逢,不胜欣喜。谈起安史之乱,明皇奔蜀,肃宗即位灵武,安禄山惨死,郭子仪、李光弼收复失地等事,不免又是唏嘘感叹一番。尤其是一想到唐玄宗年迈体衰还要受此苦楚,又想到当初唐玄宗是何等地恩宠教坊、梨园子弟,又不由得又滚下泪来。

童仆杀鸡宰鹅,为子满和公孙大娘接风洗尘。席上,子满问我:"老哥,你们怎么到庐山来了,我还以为你们阻隔在燕地,饱受烽烟之苦呢。"

我苦笑了一声,道:"老弟,燕地确实有点苦,不过不是烽烟之苦,是因为冬天来了,燕地苦寒,我跟李学士不适应,因此受尽苦了。后来,李学士洞悉安禄山将要起兵造反,就带着我南下,从太行山直驱黄河,渡了河，造反的消息就传来，我们一刻也不敢耽搁，骑快马往南走，等我们渡过长江，就听说两京失陷，皇上奔蜀了。"

我们正在闲聊时，有两个军士带着一封书信进来，说是给李白的书信。

李白展信一看，脸上阴晴不定，目中惊喜交加，让人难以猜测。

李龟年就问道："十二郎，什么事，让你如此神色？"

李白把信递给大家传看。大家一看，原来唐肃宗在灵武即位，永王李璘不服，起兵造反，征召李白加入他的幕府，参观水师战船。

宗氏娘子最先说道："太子在灵武即位，正在收复失地，永王这是意欲何为？"

李龟年道："永王自然是趁火打劫，想趁着安史之乱，抢位夺权。这样的狼子野心，三岁孩童尽知，十二郎你不会见信而动心了吧？"

公孙大娘也说："经过这次变乱，你也该看清楚这仕途之路是不适合你的，你的侠义心肠到了官场上只能做别人的垫脚石，何况永王这一次是火中取栗，必定不会成功的。"

李白长叹了一声，垂泪吟道："凤凰台上凤凰游，凤去台空江自流。吴宫花草埋幽径，晋代衣冠成古丘。三山半落青天外,二水中分白鹭洲。总为浮云能蔽日,长安不见使人愁。唉!长安不见使人愁!"

大家齐声"唉"了一声,都知道李白决定了的事,九头牛都拉不回来。

热衷于建功立业的李白对永王的情况根本不熟悉,他只是知道永王要重用他,他的"寰区大定,海县清一"的政治抱负或许可以实现,因此再也顾不得别的,天真地想去实现理想了。

当李白来到永王的水师时,他看到欢迎的队伍人山人海,军士们都在呐喊,嘴里发出欢呼雀跃的声音。李白登上了甲板,看见一连串威武的水师战船,心中也豪情万丈。水师穿戴整齐,列队迎接李白。李白被当时的场面惊呆了,自己似乎成了整个队伍的中心,他终于体会到了那种指挥千军万马的气概和豪情。

李白一下子被冲昏了头脑,当场便写下了十一首赞诗。他感到自己终于有了用武之地,可以在永王的重用下施展抱负、一展才华。

他在诗中写道:

三川北虏乱如麻,四海南奔似永嘉。

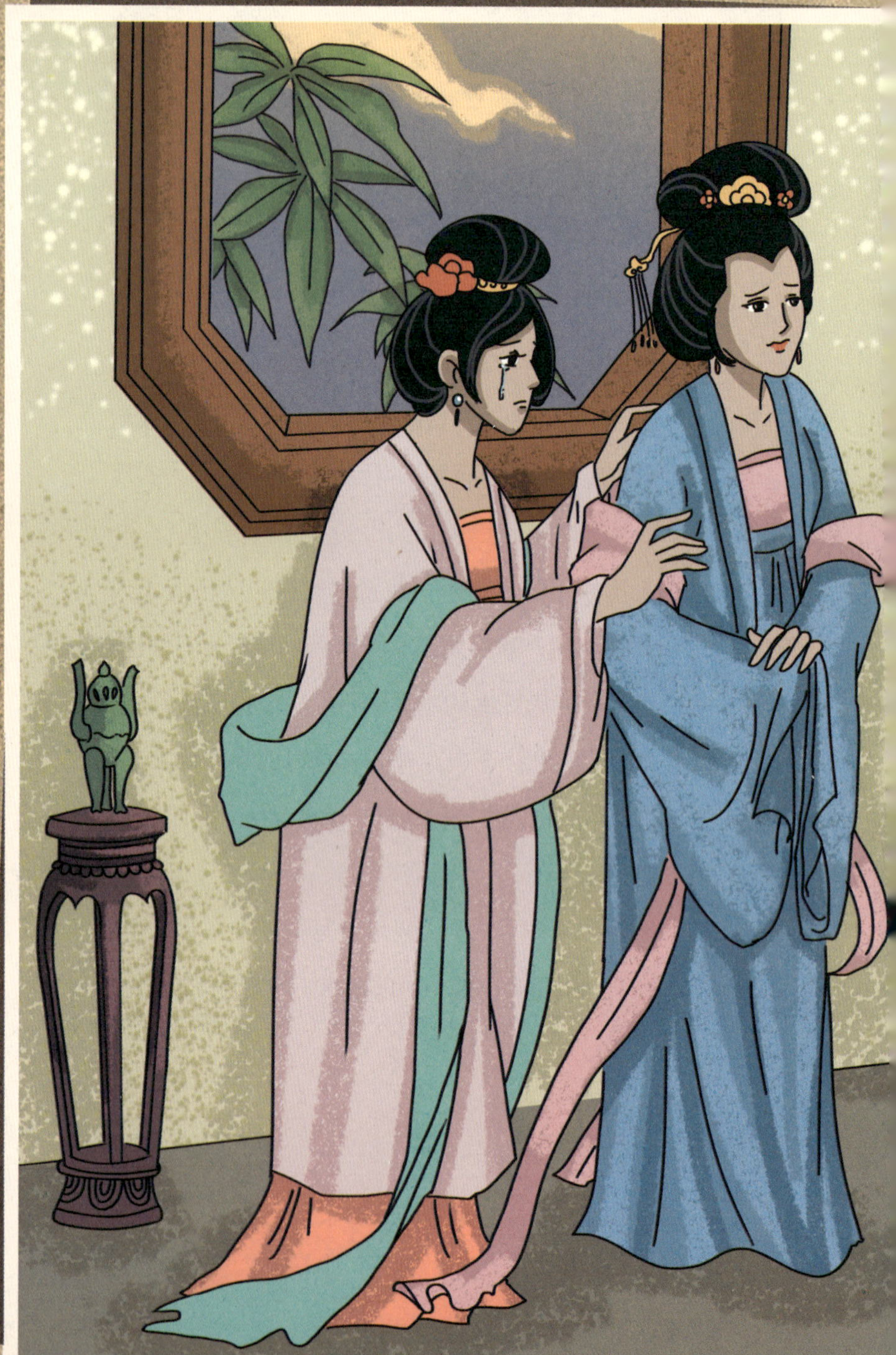

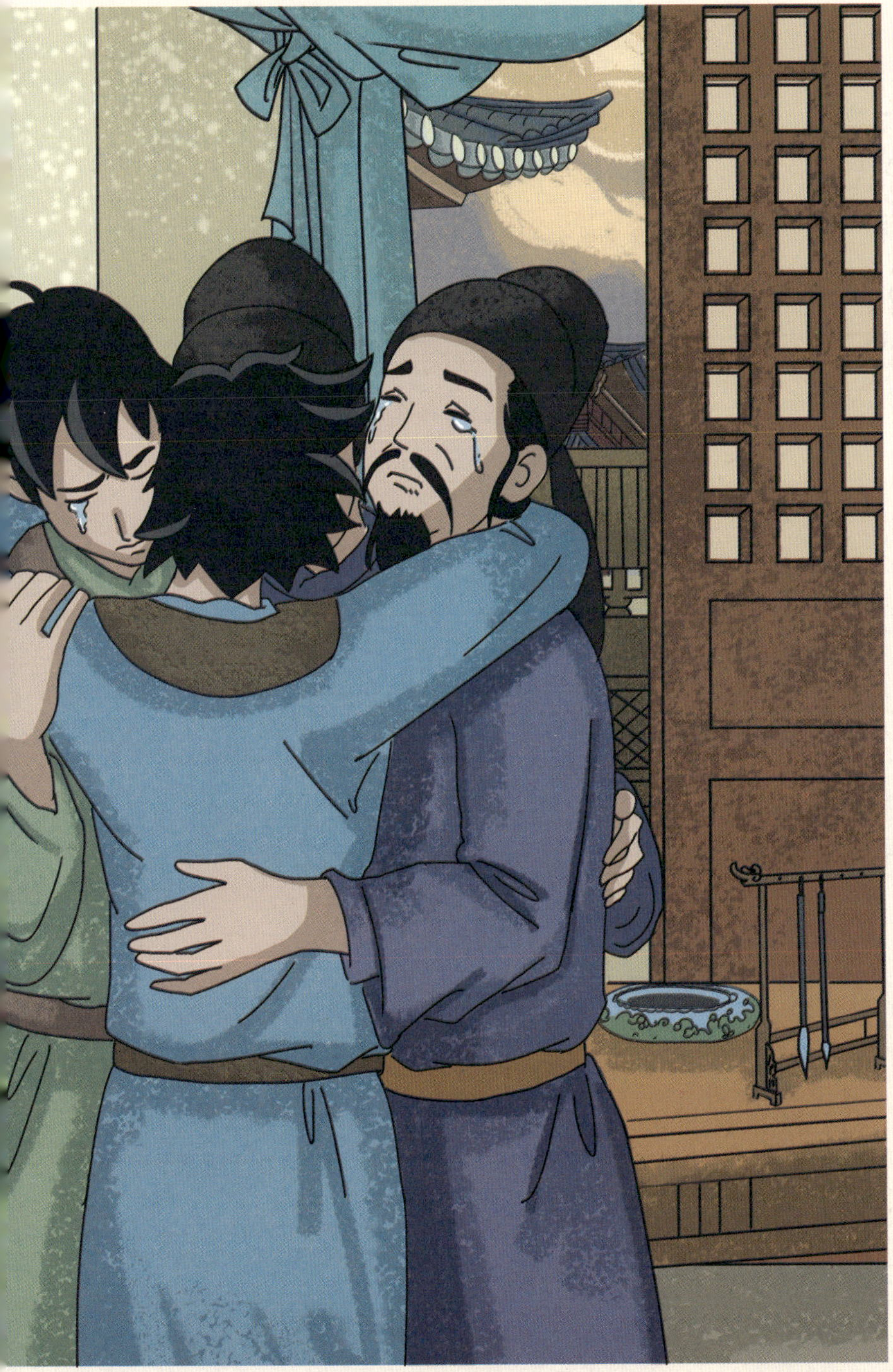

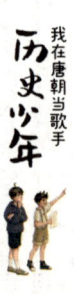

但用东山谢安石，为君谈笑静胡沙。

龙盘虎踞帝王州，帝子金陵访故丘。
春风试暖昭阳殿，明月还过鳷鹊楼。

试借君王玉马鞭，指挥戎虏坐琼筵。
南风一扫胡尘静，西入长安到日边。

　　李白把自己比作淝水大战中战胜苻坚的谢安，认为自己一定能够平息安史之乱，还暗示永王，到了称帝的时候，千万不要忘记李白这个大大的功臣。

　　当时，我们这些朋友都有一种预感，政治上的幼稚将把这位才华横溢、豪气干云的大诗人送上一条不归路。但是，我们的话，沉浸在"谈笑静胡沙"的壮志豪情中的李大学士又怎么听得进去呢？

第13章

风华不再

①

历史是早已注定的事情，没有改变的机会。唐肃宗一看自己的兄弟永王造反了，顾不上大敌当前的危急形势，掉过头来攻打永王的军队。永王本想利用李白的名声招揽人才，壮大自己的实力，可是收效甚微。除了李白忠心追随以外，几乎没有人才前来投靠。

王师和永王的军队在镇江大战了一场。结果，曾被李白热烈歌颂过的无敌水师，面对王师的凌厉攻势溃不成军，一败涂地。消息传到李白那里，他急得要死的心都有，后悔得不行。

唐肃宗李亨没有原谅李白政治上的幼稚,把他投入浔阳大狱。李龟年带着我们四处奔走营救,可是,没人敢为李白说情。

身处大狱的李白或许此刻才明白"早知如此,何必当初"这句话的深刻含义。后来,李白虽被释放,但还是被朝廷远远地发配到夜郎去。夜郎在当时是一个蛮荒之地。

不过,人各有命,就当我们都以为李白必将死于流放途中的时候,甚至我们曾一度买舟尾随流放的队伍,以便在李白死后能够把他的尸首运回庐山,命运还是极其大度地眷顾了他。随着王师剿灭叛军节节取胜,唐肃宗两次大赦天下,李白竟然遇赦而返,不曾遭受流放之苦。

这个天真的诗人欣闻遇赦,忘记了曾经的挫折和灾难,又高歌起来:"朝辞白帝彩云间,千里江陵一日还。两岸猿声啼不住,轻舟已过万重山。"也许经历的事情太多了,苦难也太沉重了,因此遇赦的李白感到一身轻松。他忘记了过去那些阴霾的日子,再一次把目光聚拢在山光水色之中,他在微风润雨的淅沥中等待着与久不得见的妻子儿女团聚,与故友重逢。或许这才是人生真正的意义所在。

不过,上天跟他开了一个天大的玩笑,先是让他庆幸可以逃脱流放而死的厄运,然后让他知道"人生无常,生死难料"。

《旧唐书》这样记载李白的死:"永王谋乱,兵败。白坐,长流夜郎。后遇赦,得还,竟以饮酒过度,醉死于宣城。"认为李白是喝酒过多醉死的,而且醉死于他一生向往的归宿之地——宣城。谢朓是李白的偶像,做过宣城太守,时人称为"谢宣城"。李白是"谢宣城"的铁杆粉丝,清人王士祯论李白,说他"一生低首谢宣城",可见李白对谢朓的崇拜有多强烈。李白死在宣城也算死得其所。

关于李白的死,还有一个更加扑朔迷离的传说,就像雾里看花一般的迷蒙和梦幻,完美和升华了一个诗仙的结局。

据说,遇赦而返,李白心中庆幸不已,是夜,他驾舟载酒,顺江而下,一泻千里。在江心,李白望见水中明月的倒影婆娑,意味深长,不禁心旌荡漾,遂纵舟放歌,浪花激荡。他在船头举酒,一杯又一杯,酒香迎风散落,醉倒万物。李白醉了,江水醉了,水中的月影也醉了。他多年以来壮志难酬,如今都被清风明月化解吹散,心中好不爽快。李白醉舞起来,长袖飘逸,宛若仙人,他俯身看见江中月影皎洁明亮，心中大喜，举酒邀之，不得，又伸手欲揽，竟逐清波而逝，一去不返。

不管是哪种情形，都难免一死。江山不幸诗家幸，政治上的挫折和致命的打击造就了诗国一个浪漫豪迈的诗魂。李白的死终结了盛唐时代的繁盛，盛唐的气象和风骨连同李白衰朽的身躯一起埋葬，但宏阔开放的记忆却和李白的瑰奇壮伟的诗篇一样，流传千古。

李白逐月而死的传说，瑰丽而凄美，像一泓浪漫壮阔的心泉滋润着一个民族的心灵。我们每每沉醉于他的传说，在他的传奇色彩里寻找着自己骨子里浪漫与豪放。

②

就在同一年，那位号称"梨园天子""八音魁首"的唐玄宗也走到了生命的尽头。

随着杨贵妃的死，唐玄宗和她之间的爱情也随之终结。这段刻骨铭心的爱情美丽动人，但却免不了成为政治的牺牲品。唐玄宗是真爱杨贵妃的，爱得死去活来，爱得深入骨髓。可当政治危机到来时，他仍会祭出自己心爱的人，以挽回局面。

杨贵妃死后，唐玄宗心灰意冷，百分之一百的自责，百分之一千的痛惜，百分之一万的追悔，在奔蜀剩下的路途中，鸟啼花落和水绿山青再也不能打动他，相反更添悲情，映入眼帘的全是悲悼的色调。

唐玄宗最终返回长安，但此时的长安已是唐肃宗李亨在位，他只能困居宫内，寂寞终日。他曾提议改葬杨贵妃，却遭到李亨和文武百官的抵制，无奈之下让画工画了一张杨贵妃的画像挂于殿上，昼夜相对，以解相思之苦。

唐玄宗最难忘的地方就是骊山华清池，可如今物是人非，不免想起就流泪。有一天，唐玄宗心情稍好，就命乐师张野狐演奏《雨霖铃》曲。

此曲乃是杨贵妃死后，在入蜀道时唐玄宗所制，当时扶风道上，野花烂漫，一佛寺外石楠树合抱，唐玄宗触景生情，倚树而泣。又行至斜谷，霖雨霏霏，下了大半月，唐玄宗冒雨行进，在雨中闻铃声，隔山响应，遂制《雨霖铃》曲，聊以寄恨。

张野狐演奏《雨霖铃》曲，刚刚才半阕，唐玄宗就难抑悲情，凄凉满怀，涕泪横流。

有个叫杨通的老道，从四川赶来，知道当今太上皇思念杨贵妃深切，就散布谎言称自己会招魂之术，以骗取钱财。

唐玄宗听说后竟信以为真,就请他作法招魂。

杨通呢,本身是个大骗子而已,折腾了好几天,别说芳魂,连野猫野狗都没招来。因怕事情败露,杨通就撒了一个弥天大谎。

他骗唐玄宗说:"东海绝处,跨过蓬莱仙山,就会看见一座最高峰,山上楼阁掩映,树木葱茏,等我到了那里,看见有一座道观,门向东开,上有一匾,题曰:'玉妃太真院'。于是叩击门扉,有几个仙童玉女开门来,没等我问话,有一碧衣仙女走了过来,问我所从何处来,我就说奉了太上皇密诏寻访贵妃。碧衣仙女回答说:'没有贵妃,你所访之人已羽化成仙,现称玉妃,刚刚就寝,你等会儿吧!'不一会儿,玉妃醒来,出来相见,先是询问太上皇是否安泰,次则询问天宝十四载以后的诸多事情,待我说完,赐给我一柄金钗,让我带给太上皇,以慰相思之情。我接过金钗,但不敢回来,玉妃就问我怎么回事,我就说:'一柄金钗能说明什么啊,又没有当事人,太上皇还以为我骗他呢!'玉妃听后茫然无措,呆立半晌,好一会儿才仿若自言自语地说道:'天宝十载,我与太上皇避暑骊山华清宫，正是秋天七月七日，牵牛星织女星鹊桥相会，我与太上皇比肩而立，遥遥祝愿，并发下誓言，愿世世为夫妇，说完叠手相泣。这件事只有我和太上皇知道。太上皇亦不久于人间，应该善自珍重，切莫自寻苦恼。'"

这通瞎话唐玄宗听后，惊心动魄，心中悲情难掩，日夜以泪洗面，不久便溘然长逝，时年七十八岁。

这无非是后人杜撰的，杨通所编造的瞎话有也好无也罢，只是在说杨贵妃死后，唐玄宗悲痛不已，抑郁而终。不过，这只是文学里的夸张想象。

历史上，唐玄宗对杨贵妃的死确实抱有自责和内疚之意，但因思念太甚而致死的说法则毫无根据，他最终死在宦官李辅国的手中，而李辅国则是在唐肃宗李亨的授意下，使唐玄宗凄凉谢世。

不管怎么说，唐玄宗之死，彻底把他跟杨贵妃这段爱情传奇给完结了。这段爱情传奇之所以令人向往，也令人痛心，就是因为其中穿插了历史的兴衰和人世的离合。

对于我们这些梨园子弟来讲，唐玄宗和杨贵妃的爱情传奇既可以说是为这对皇家情侣所专属，也可以说是为我们整个梨园行所共属，从来没有哪个帝王像唐玄宗这么通晓音律，是个名副其实的艺术家和音乐大师。

没有他，哪里会有李龟年、公孙大娘、雷海青、贺怀智、张野狐、黄幡绰、马仙期、念奴等人？凭借着会唱几首歌词，会弹几首琵琶，会操弄几件乐器，会跳几段舞蹈，就能名留青史，千载之后仍给后世之人留下向往的传奇佳话？

3

眼看他起朱楼，眼看他宴宾客，眼看他楼塌了。

公孙大娘有一天跟李龟年说："大郎，那么大个开元盛世说垮就垮了，可见繁华梦渺，富贵侥幸。我也看透了，想从此隐居，不再过问世事。唯有子满放心不下，想托你照看。"

李龟年道："大娘何出此言，日后陛下回銮，还得叫咱们回去唱歌跳舞呢！你怎么就心灰意冷了？"

那个时候信息传递不方便，对于唐玄宗和李白之死，李龟年尚不知晓。

公孙大娘笑笑道："长安路远，我自知是去不得了。大家珍重。"

李龟年怀着百般的难舍送别了公孙大娘，望着她的背影,嘴里喃喃自语道:"陛下不会忘记我们的,我们终究还是要回长安的。"

只剩下李龟年带着我跟子满在江南流浪。为了糊口,我们不得已给一些龌龊的商人以及一些寻常百姓演出。这在梨园盛行的时候,我们是无论如何也想不到的。

记得一个鸿雁南飞的深秋,江南早露,木叶染红。在这个让人大起鲈鱼莼菜之思的时节,我们流落到三湘大地。

一路之上,江景排闼,群峰闪出,哀猿声断,秋意笼罩着一切。李龟年在舟中,演奏觱篥,子满演奏琵琶,我则唱歌。唱的是大诗人王维作的两首诗,一为《相思》:"红豆生南国,春来发几枝?愿君多采撷,此物最相思。"一首为《伊州歌》:"清风明月苦相思,荡子从戎十载余。征人去日殷勤嘱,归雁来时数附书。"

这两首被后世认为是写爱情的诗,谁想到当初竟是为一种惺惺相惜的君臣之情而写。尤其是《伊州歌》,正写中李龟年还想回到唐玄宗身边的心事。李龟年听着我唱,不住地唏嘘落泪,最后悲伤不能自已,竟然哭倒在船头。

弃舟后,我跟子满架着李龟年缓步行于江岸,遇到一个人迎面走来,把我们看了又看,然后问道:"可是教坊李大郎龟年?"

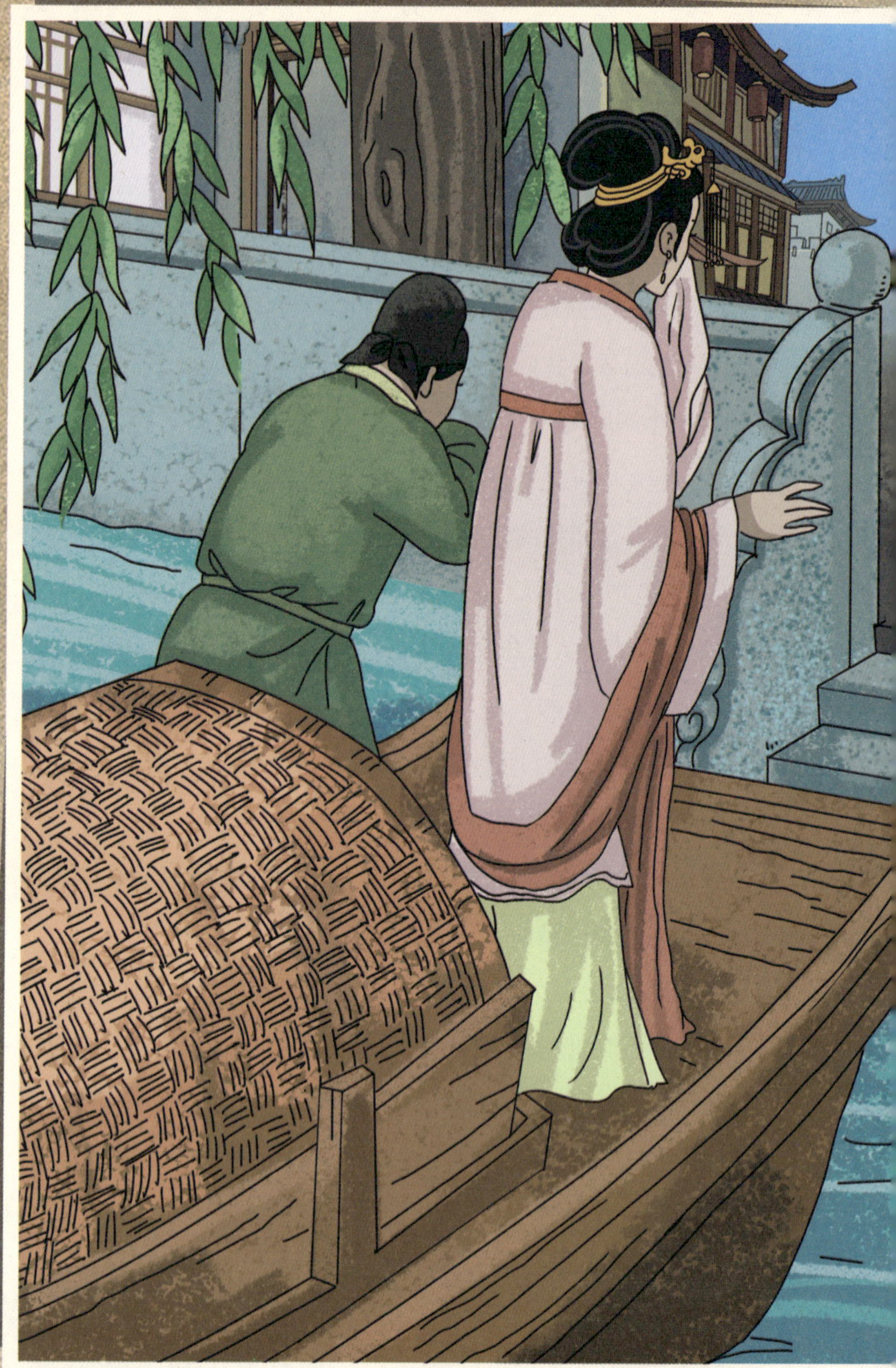

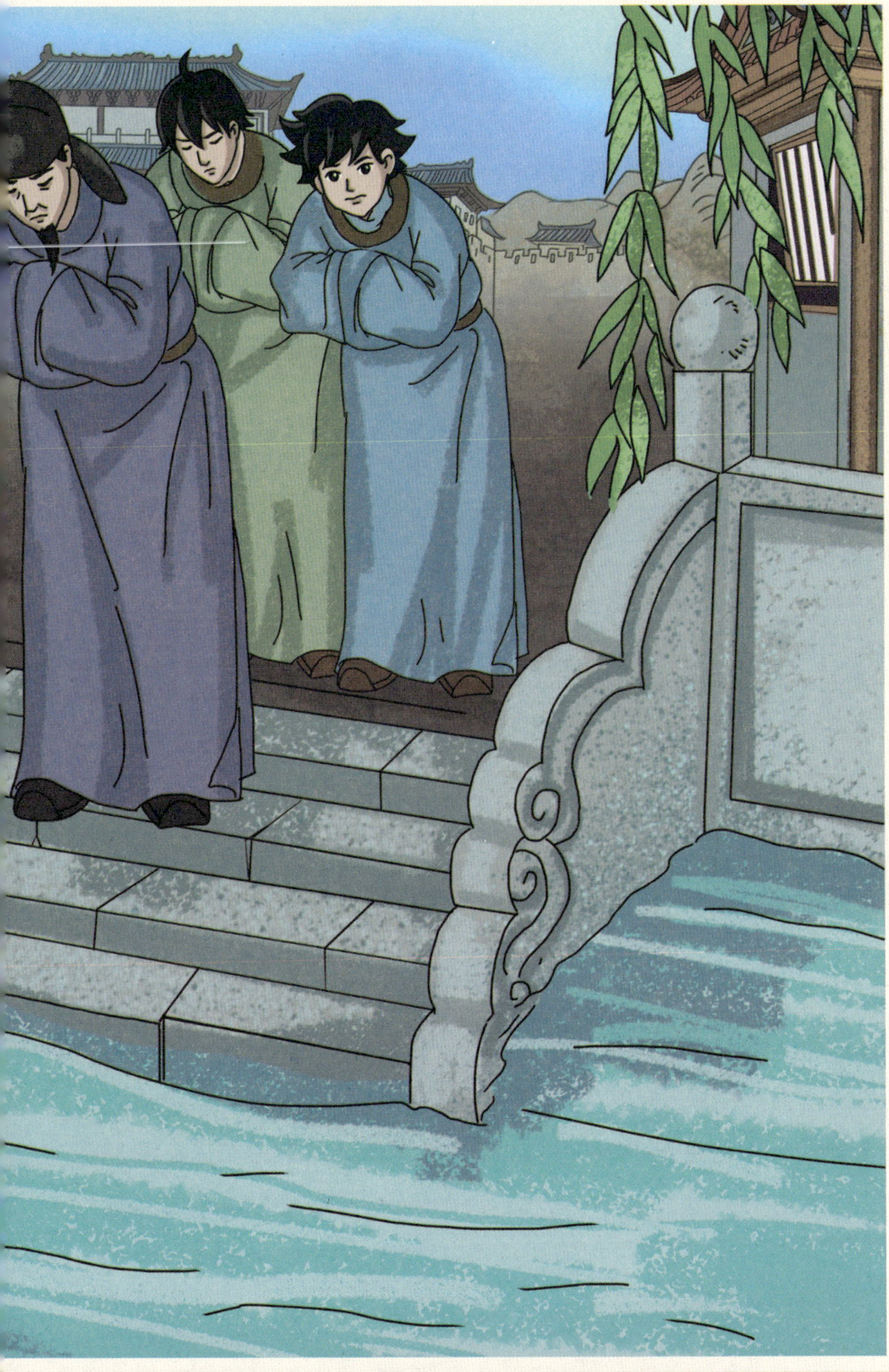

我们见他风尘仆仆，一脸的沧桑，似曾相识，却也想不起来在哪见过，只好回道："正是！"尊驾是谁，恕李某眼拙！

那人一把攀住李龟年，欢喜地说："大郎，想当初在岐王的宴会上咱们也曾见过几面的，虽然没有深谈过，我却与你神交已久，如今只算是老朋友了。"

李龟年暂敛悲伤，回想往事，突然一拍手，道："想起来了！想起来了！你是杜子美！"

"正是！"杜甫说着，便朝着我们行礼。

李龟年赶紧搀起杜甫，道："子美，恕我刚才眼拙，只是时光荏苒，你的容颜也不似旧日了。不过，我流落这些年，倒十分听说你的诗名，也堪与李太白比肩了！"

杜甫道："诗名无助于苍生，徒发感叹而已。我等志在报效朝廷，朝廷却只以文士、优伶待我等，唉！不说这些了，说起来都是泪。"

李龟年问道："子美，如此满面尘霜，意欲何往？"

杜甫洒泪道："大郎，难道你还不知道吗？"

李龟年诧异地问道："我不知道什么？"

杜甫泣不成声道："真是天丧斯文，李白和先皇双双谢世！我想到李白坟前一拜，可是身体状况已是不允许的了!"

"你说什么?请再说一遍!"

没等杜甫重复,李龟年一口鲜血喷了出来,咚的一声栽倒在地……

几年以后杜甫在白帝城,见到一个女子舞剑器,与他曾经在长安观看过的公孙大娘舞剑器一般无二——曾几何时,他站在观看羯鼓比赛的熙熙攘攘的人群中,见识过公孙大娘和子满那锦衣玉貌、矫若游龙的舞姿,从那时便无法忘怀,没想到又在江南看到相似的身影,因此欣然作诗《观公孙大娘弟子舞剑器行》:

> 昔有佳人公孙氏,一舞剑器动四方。
> 观者如山色沮丧,天地为之久低昂。
> 㸌如羿射九日落,矫如群帝骖龙翔。
> 来如雷霆收震怒,罢如江海凝清光。
> 绛唇珠袖两寂寞,晚有弟子传芬芳。
> 临颍美人在白帝,妙舞此曲神扬扬。
> 与余问答既有以,感时抚事增惋伤。
> 先帝侍女八千人,公孙剑器初第一。
> 五十年间似反掌,风尘澒洞昏王室。

梨园弟子散如烟,女乐余姿映寒日。

金粟堆前木已拱,瞿塘石城草萧瑟。
玳筵急管曲复终,乐极哀来月东出。
老夫不知其所往,足茧荒山转愁疾。

杜甫以神来之笔,通过一连串激动人心的比拟,描绘了公孙大娘舞剑器时青山低头、风云变色、矫如龙翔、光耀九日的逼人气势。

其中,"五十年间似反掌,风尘澒洞昏王室"一句,烈火烁金,让人锥心刺目。繁华衰败不过是反掌之间的事,这是他亲眼见证过的。

之后,这位公孙大娘的弟子告诉杜甫,公孙大娘在一个落寞的冬日也与世长辞了。

杜甫老泪纵横:"一个时代结束了,雷海青、杨玉环、李隆基、李白、李龟年、公孙大娘、王维、黄幡绰……璀璨的群星相继凋残!"

第14章

尾声

在距离洛阳不远的一个小城巩义，我跟子满裹挟在人群中，正在报名参加一家陶瓷工坊的招工活动。这家工坊生产三彩釉陶瓷，也就是后世常说的唐三彩。巩义这个地方盛产制造三彩釉陶瓷所需的白色高岭土，因此很多大贾都到此地来开办厂。

李龟年死后，我跟子满辗转回到洛阳，无依无靠。加上战后民生凋敝，再也没有哪家有闲钱肯请乐舞来消遣时光。我们兄弟一为了糊口度日，二为了完成李龟年的一桩遗愿，当初他曾对子满说，死后要几尊精美的唐三彩陪葬。我们买是买不起的了，最后几经权衡，只有到生产三彩釉陶瓷的厂家一边打工，一边学习制造唐三彩，然后亲手给师父制造几套。

唐三彩骆驼载乐俑

盛唐时期三彩釉陶器，国家一级文物，高58厘米，长43厘米，施蓝、绿、黄等单色釉。骆驼昂首直立于长方形座上，张口嘶鸣状。驼背铺有带花边圆形垫子，其上搭一平台，用刻花毯子覆盖，其上有七个男乐俑盘腿朝外坐于平台四周，手持笙、琵琶、排箫、拍板、箜篌、笛、箫正在演奏，中间立一体态丰腴载歌载舞的女子。造型新颖，器形硕大，骆驼健壮，人物表情丰富，形象逼真，陶塑艺术精湛，色彩艳丽，被誉为唐三彩俑中的压轴之作。

现藏于陕西历史博物馆。

我们在教坊的时候,是不屑于做这些工匠活的,可真到了作坊里面,才知道制造手工艺品的高手并不亚于我们乐舞行当中的能人。

我们跟着作坊里的老师傅学习制造三彩陶瓷的技艺,渐渐地了解到三彩陶瓷的历史渊源和艺术魅力,让我们大为叹服。

原来,这陶瓷技术到了唐代,有了突飞猛进的发展,尤其是三彩陶瓷所创造的浓艳瑰丽的艺术风格更成为唐朝艺术品的象征。三彩陶瓷是一种低温铅釉陶具,制造时入窑两次,先烧釉,釉以铅为熔剂,高温下呈玻璃状可流淌。三彩正是利用这一点,使不同色釉于高温下交混,制造出绮丽多姿的艺术效果。三彩技术除器物外,也广泛运用到人偶禽兽雕塑的装饰上。绝大多数的三彩用于殉葬,极少用于日常生活,正因为唐代的厚葬风气才推动了三彩业的发展,使唐三彩臻于前所未有的艺术境界和高度。

经过两年多的潜心学习,我跟子满都大有所获。我们决定亲手为师父李龟年制造一尊当时非常流行的三彩款式——唐三彩载乐骆驼俑。

子满负责制作胎体工艺,我则负责施釉,最后再由我兄弟二人共同造型。

载乐骆驼俑的胎骨为瓷土胎。粗坯出来后，子满以他的雕花圣手，在胎体上雕刻出精细的花朵图案，然后再填上色彩。色彩以绿、黄、蓝三色为主，这也是这种陶瓷被称为三彩陶瓷，亦被后世称为唐三彩的原因。

在施釉技法上，三彩陶瓷有两种方法：一种"分区施釉法"，另一种为"点染融彩法"。前者是指器物上单彩、双彩和三彩的痕迹同时存在；后者则是借鉴了国画中的水墨晕染的手法，在陶器表面点上釉色以表现斑驳淋漓的艺术效果。

我们总结前人的经验，开创了一种新的方法，称为"溜釉法"，即采用勺子等容器盛满釉汁从器物周围慢慢溜挂以施釉。在上釉的过程中，由于三彩的釉流动性很大，玻璃质感较强，不同颜色的彩釉便会相互掺杂和融会，故而能呈现出独特的艺术效果，使得成品更显精妙。

接着，我们做最后的造型。一般的骆驼三彩是左右合模，而载乐骆驼俑采用的则是前后合模的方式，这种创新虽然增加了难度——骆驼和人物之间的结合需要运用粘接法，但这样却能使乐俑的面部表情更生动、更逼真。

说起这些乐俑的面部表情，可是让我们哥俩煞费苦心。为了使它们表现得富于浪漫和想象的空间，我们联想起我们所见识过的那些高妙乐师在表演时所呈现给观众的面部表情，这些乐俑表情刻画清晰，姿态各异，神情专注，我们还在此基础上进行了适当的夸张和特写，使之更加传神。

见识过我们哥俩做工时候的专注样子的工人都会这样说：他们哥俩不像是在制造一件三彩陶瓷，而像是制作传世之宝。

在制作三彩陶瓷之余，在作坊门口那片艳阳里，那些男男女女的工人们，有时候他们的家眷妻儿也同来，把我跟子满团团围住，让我们给他们讲唐玄宗时教坊梨园的那些传奇故事。这都怪子满，没事儿就吹嘘自己是从教坊里出来的，跟李龟年和公孙大娘这些大咖学过乐舞，而且还在唐玄宗面前表演过。

我拗不过大家的一再要求，拨开人群，走到阳光下，然后直了直腰板，提了提气，使劲地喊道："话说我大唐开元年间，有一个人号称乐圣，名曰李龟年，唐玄宗亲呼他为大郎，李白与他斗酒，王维、杜甫为之久久沉吟……"

在听众的敛息凝神中，泪水打湿了我的双眼，模糊了眼前这个世界……

后记

历史上很少有哪个时代像开元盛世一样总能引起我们的好奇和窥视。

随便提几个名字就可以惊艳千古；随便说几件事情就可以震古烁今；随便聊几桩掌故就可以消磨无限光阴；文学、诗歌、音乐、舞蹈、戏曲、书法、绘画、建筑、宗教……随便，随便来一样，都会让你眼界大开，仿佛进入了一个恢弘瑰丽的琉璃世界。

不是有那么一问吗，如果你有一次穿越的机会，你会穿越到那个时代？

我会毫不犹豫地回答：开元盛世。

但前提是，不要后边的天宝时代！

可惜，历史并没有这样篡改的可能。残酷的真相是：你既然领略了开元的绚丽多姿，就得接受天宝的苦乱凋敝。

上帝是最公平的，给你最好的，也给你最坏的，那才是人生。

不过说实话，绝大多数的开元时代的人物都没有意识到衰残会紧接着繁华而来，而且来得迅疾，如风搅雪，让所有的人措手不及。

小说的背景设置在开元盛世，大有深意。不经历这么一场"烈火烹油""鲜花着锦"的时光，怎么会对后来的战火频仍、民生凋敝、命如草芥有深刻的体会？

子六和子满参加了岐王宅里那场豪华的夜宴，见识了斗鸡坊"衣食龙武军"贾昌的骄横和荣耀，见证了玄宗对杨贵妃那种三千宠爱集于一身的无上荣宠，亲历了沉香亭畔诗仙、乐圣交相辉映的前无古人后无来者的高光一刻，虽然我依然认为那场赏花会的主角是杨贵妃，但李白和李龟年的惊艳之作，绝不亚于闭月羞花的杨玉环。还有其他负责增添艺术气息、烘托闪耀氛围的乐工和乐师。他们都是有名可考的，要是在别的时代，想也别想。

书中设置了三次高潮，一次是沉香亭赏花，一次是羯鼓比赛，一次是俳优戏弄，一浪接一浪排闼而来，让人目不暇接，但到了俳优戏弄的时候，开元盛世的风流已然是急转直下。

《史记》中说：月满则亏，物盛则衰。

老子说，反者道之动。万事万物都是这个道理，最忌一个"满"字。

从玄宗改元开元，到天宝十四载安史之乱爆发，长达四十余年的盛世，让人们沉浸在盛世欢歌中，以为盛世永远不会落幕。

然而，危机正在盛世中潜伏，祸乱正在欢歌中埋藏。

中国长达五千年的历史上，有这样一条规律始终在发挥着作用：其兴也勃焉，其亡也忽焉！兴亡只是瞬间的事儿，好像翻了一下手掌。即便是生活在开元盛世的人，绝不会相信盛世会这么快终结，但是事实无情地证明，让他们深刻地体会了什么叫天地翻覆。

忆昔开元全盛日，小邑犹藏万家室，稻米流脂粟米白，公私仓廪俱丰实……杜甫笔下的开元盛世真是令人神往，连小县城都有上万户人家，农业连年获得丰收，粮食装满了公家和私人的仓库，人民生活十分富裕，一派国泰民安，繁荣昌盛的景象。

一男附书至，二男新战死，存者且偷生，死者长已矣，室中更无人，惟有乳下孙……那些生活在盛世下的殷实小康之家，也不得不走上战场，接受战火的洗礼，然后接连战死，家中只剩下老人和孤儿，一片凄凉惨痛的景象。

杜甫的两首小诗写尽了盛衰翻转时众人的无所适从，以及百姓的命如孤舟和凄苦流离,可恨的是,开元盛世的统治者们却沉浸在万世繁盛的迷梦中不肯醒来。

渔阳鼙鼓动地来,惊破霓裳羽衣曲。当安禄山的胡兵胡马逼迫长安的时候,李唐的统治者才极不情愿地醒来,目露惊诧,不知所措,干脆逃走算了。

在玄宗逃往成都的路上,正如小说中慨叹的那样,一个时代结束了。风流总有被风吹雨打去的那一天。

安史之乱,不仅摧残了一个开元盛世,还把整个唐朝推入一个藩镇割据、宦官乱政的深渊,虽说之后唐朝依然存在了一百余年,可是跟之前的盛世相比,简直是不值一提。

有的学者甚至认为,安史之乱不仅是唐朝的分水岭,更是整个中国历史的分水岭,甚至整个欧亚史的分水岭。不管是哪个分水岭,总之意义深刻。

一个时代结束了,这是小说最后的咏叹。

大诗人元稹回忆起这段历史,曾作诗说:"寥落古行宫,宫花寂寞红。白头宫女在,闲坐说玄宗。"

我在小说的最后,化用这首诗的意境,让子六在唐三彩的作坊门口"说玄宗",虽不是白发,但总有凭吊和不舍的意思,可是不舍又有什么用呢?历史总是不断前进的,该结束的总会结束。

唐朝穿越指南

　　鼎盛时期的唐朝，一直被大家所称颂。文化繁荣、社会发展、政治稳定，而且那时的唐朝还海纳百川，经常和邻国进行经济贸易和文化交流，唐朝皇帝就被天下人称为"天可汗"。强盛的国力和安稳的社会，也使得百姓的日常生活得到了较大的改善。那么我们就来看看，穿越到盛唐，会有什么样的生活吧！

唐朝的语言文字

唐朝穿越指南

唐朝人的"普通话"依旧是传承已久的雅言，不过据隋朝陆法言编纂的《切韵》来讲，这时候的雅言应该是以"洛下音"为基准。有的人认为唐朝建都长安，陕西话应该是官方语言，其实不是的，大唐雅音并非指的陕西话，而是掺杂了一些胡语的洛阳话。

美滴很！

到了唐朝，汉字的书体有了更大的发展，楷书成为唐代书法的突出代表。唐代的楷书，亦如唐代国势的兴盛局面，真所谓空前。书体成熟，书家辈出，在楷书方面，唐初的虞世南、欧阳询、褚遂良，中唐的颜真卿、晚唐的柳公权，其楷书作品均为传世经典，被奉为习字的模范。除了楷

欧阳询

颜真卿

书，行书和草书在唐朝也获得极大发展，颜真卿的《祭侄文稿》被誉为天下第二行书，在书法史上的地位仅次于王羲之的《兰亭集序》，同时，还出现了怀素、张旭等草书大家。

柳公权

怀素

衣食住行漫胡风

服饰方面

印度和波斯风格给唐朝服饰带来一股清新的异域之风，从首都长安到普通的城市，都掀起一股"胡服"热潮。

其中一个很大的原因就是胡服的样式能够更好地衬托身材，同时方便劳作，比起宽衣博带的汉服来，既便捷又塑型，因此深受唐朝人的喜爱，甚至唐朝的女性也很喜欢穿戴胡人男性的服装，这些在敦煌莫高窟壁画中都有体现。

唐朝女性很爱展示自己的美，涂铅粉、涂胭脂、涂黛眉、粘贴花钿、点酒窝、描画斜红、涂口油，是她们日常化妆的必要步骤。另外还有一点很有意思，她们不仅爱美，喜欢穿胡服，同时也喜欢跳胡舞，她们妆容华丽，舞姿优美。在许多流传至今的绘画作品中，以及莫高窟的壁画上，都留下了她们开放自信的舞姿和身影。

除了女性爱跳胡旋舞，很多男性同样也喜欢这种舞蹈。据说李隆基的宠妃杨玉环和宠臣安禄山都是跳胡旋舞的大家。

饮食方面

唐朝人的主粮是小麦、粟、稻米和高粱。蔬菜的种类也增加了。牛马之肉是不能随便食用的，否则要负一定的法律责任。肉食以羊肉为主。吃法很多，炙羊肉、蒸羊头、羊肉面等。羊因此而成为官员的福利，按月供给。唐朝人酷爱各种甜品茶点，当时最流行的一种是把奶酪浇在樱桃上，叫酪樱桃。另外还有许多零食可供选择，槟榔、大枣、椰枣、莲子、菱角、栗子、乌梅、榧子、黑枣、枸杞等。

值得一提的是唐朝的面食。唐朝的面饼样式繁多，口味中西交会。蒸饼、煎饼、胡饼、馒头饼、薄夜饼、喘饼、浑沌饼、夹饼、水溲饼、截饼、烧饼……多达几十种，唐人以饼配菜，构成了日常主副食的基本样式，可谓无饼不欢。在大诗人白居易的一个食谱中有肉桂白鱼和姜蒸，牛奶红米饭，花椒和鳄鱼肉糊，足见川菜的普及（花椒和葱姜）以及异域风格（牛奶和肉桂）的掺入，已经普遍出现在唐人的生活当中。

在喝的方面，唐人爱饮茶，出现了茶道，以及喝茶的大家。李白的诗里有许多关于茶的诗句；茶道细分为以释皎然、卢仝为代表的修行类茶道；以陆羽为代表的茶艺类

茶道；以常伯熊为代表的风雅类茶道三种。其中最有名的是茶圣陆羽，他所撰写的《茶经》，是世界上第一部关于茶的专著。不过需要指出的是，唐人饮茶的习惯跟现代大不一样。他们喝茶喜欢放盐、姜、椒、酪、桂皮，按现在标准来看，这些茶的口味必定是"非同凡响"的！

居住方面

大量外国人的涌入，使唐代建筑风格发生了很大的变化。许多工人将波斯、西域建筑风格融入他们的建筑中，而内部的家具风格变化更为明显，出现了胡凳和胡床。

在出行方面

工具有骆驼、马、马车和轿子。畅通无阻的丝绸之路上走满了载着人和货物的骆驼,这些骆驼都是从西域引进的。

马车通行于城市街区,走进寻常百姓家;轿子已然是贵族或有钱人的出行工具,车水马龙已经是长安城的常态。唐朝过了晚上九点半就不允许出门了,否则即触犯宵禁制度,会受到惩罚。

唐朝的娱乐活动

唐朝的娱乐活动可谓丰富多彩。

"诗歌大会"如家常便饭

诗歌大会是集文学艺术、音乐舞蹈、表演艺术于一体的综合艺术表现形式,而且大量胡乐交织其中,形成了唐朝特有的艺术风范。

艺术方面

唐代不仅全面总结消化了南北朝以来的音乐、歌唱、舞蹈艺术,而且还积极吸收外来音乐,大大丰富了唐朝音乐。最关键的还在于，唐朝的音乐创新直接由皇帝引领。比如，"九部乐"和"十部乐"的"宫廷燕乐体制"就是由太宗皇帝建立的。

将唐代音乐推向繁荣鼎盛的是唐玄宗，大家还给了他一个外号叫作"音乐皇帝"。唐玄宗的音乐活动有很多，涉及演奏、创作、理论等领域。你以为皇帝就是天天坐在殿里批奏折或是到处选妃子，那你就大错特错了。唐玄宗非常擅长作曲，作有《霓裳羽衣曲》《雨霖铃》等作品，还擅长各种乐器的演奏，是一位杰出的表演者。

公孙大娘

李龟年

其实在唐朝，无论你是何等身份，只要是音乐的发烧友，都能找到适合你的舞台，不要以为只有皇室才有实力玩音乐。像大诗人白居易作诗传颂的那位琵琶演奏家，并不是什么响当当的人物，只是一个普通的歌女，但她所弹奏出来的曲子，同样富有艺术感染力。

唐朝的舞蹈更是一座不可逾越的高峰。其在艺术形式上，已经有了风格划分。主要可分为"软舞"和"健舞"两类。"健舞"有阿连、柘枝等，"软舞"有绿腰、凉州等。唐代舞蹈所表现的内容，大部分是古人或时人所作的诗词歌赋，同时与乐器演奏一起，构成规制宏大、气势夺人的大型艺术表演。唐朝还出现了滑稽剧、讽刺剧等，表演形式往往是一种模仿舞蹈，不仅会模仿动物，还会模仿战争场景和名人。

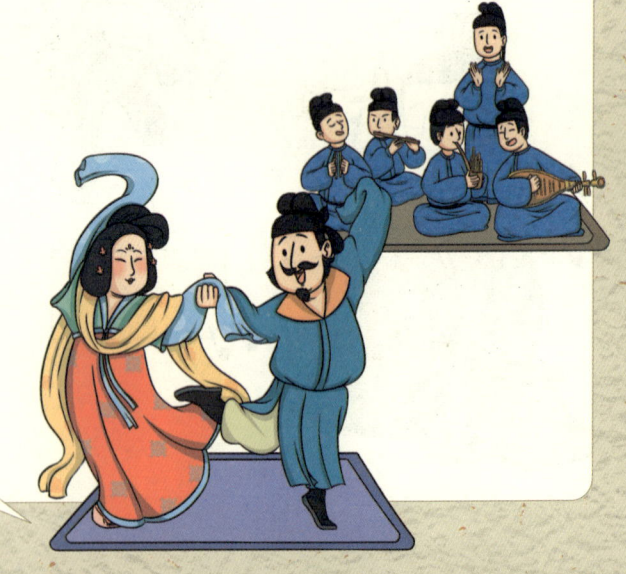

养花和打马球

唐朝人最爱桃花和牡丹,每到鲜花盛开时节,居住在城市里的唐朝人就会乘坐马车到郊外踏青赏花,他们搭起一个帐篷,摆好准备好的面饼、水果和炙羊肉,更少不了美酒和奶酪,然后坐在帐篷里喝酒聊天,不亦乐乎。著名画作《虢国夫人游春图》表现的就是唐代贵夫人游春赏花的情景。

赏花之余,有钱的唐朝人还要信马由缰,随心游赏,然后再玩几局马球,发展一下贵族运动。如果你的骑术一流,在唐朝一定会混得不错。因为马球队正需要你这样的人。

马球大小如拳头，材质与制作流程类似于蹴鞠。只不过所用材料要比蹴鞠更结实。击打马球的球杆杖长数尺，端如偃月，形状有点类似于冰球杆。球杆的杆体上会雕刻精美的图案。长度从一米六到一米八左右，球杆头部略宽于球杆。使用的时候需要用球杆头部击打马球。游戏开始之前参与者需要先分成两组，每组人数最少三个但最多不能超过十人。在已经发掘的唐章怀太子墓中，有一幅"打马球"的壁画，上面清晰地描绘了唐朝人打马球时的壮观情景。